MEGA *Deportes*

Edición francesa

Autores

Henri Garcia
periodista deportivo y subdirector del periódico *L'Equipe*

Serge Laget
encargado de documentación del periódico *L'Equipe*

Marie Bertherat
Florence Sineux

Edición

Dirección editorial: Béatrice Decroix
Edición: Laurence Michaux

Dirección artística

Claire Baujat

Ilustradores

Véronique Ageorges
Jean-Alexander Arques
Yves Beaujard
Paul Bontemps
Loïc Derrien
Christian Heinrich
Christian Jégou
François Place
Frédérique Schwebel
Frank Stéphan
Amélie Veaux
Nathaèle Vogel

Edición hispanoamericana

Grupo Editorial Larousse México

Aarón Alboukrek
Luis Ignacio de la Peña
Silvia Espejel
Aurora Zetina
María Emilia Picazo

© 1993, Éditions Nathan, París (Francia)

"D. R." © 1996, Ediciones Larousse, S. A. de C. V.
             Dinamarca 81, 06600, México, D. F.
"D. R." © 1996, Ediciones Larousse Argentina, S. A. I. C.
             Valentín Gómez 3530, 1191 Buenos Aires

Esta obra no puede ser reproducida, total o parcialmente, sin autorización escrita del editor.

PRIMERA EDICIÓN – Segunda reimpresión

ISBN 2-09-277055-1 (Éditions Nathan)
ISBN 970-607-575-5 (Ediciones Larousse México)
ISBN 950-538-945-0 (Ediciones Larousse Argentina)

Larousse y el logotipo Larousse son marcas registradas de Larousse, S. A.

MEGA® es una marca registrada de Larousse, S. A. de C. V.

Impreso en México   Printed in Mexico

MEGA *Deportes*

LAROUSSE

| Av. Diagonal 407 Bis-10 | Dinamarca 81 | 21 Rue de Montparnasse | Valentín Gómez 3530 |
| 08008 Barcelona | México 06600, D. F. | 75298 París Cedex 06 | 1191 Buenos Aires |

CONTENIDO

HISTORIA DE LOS DEPORTES

Orígenes del deporte	8
Decadencia y renacimiento	10
Los Juegos Olímpicos modernos	12

DEPORTE Y SOCIEDAD

Deporte y educación	14
El deporte en la actualidad	16

DEPORTES INDIVIDUALES

Historia de la gimnasia	18
Gimnasia varonil	20
Gimnasia femenil	22
Gimnasia rítmica, *tumbling* y catre elástico	24
Historia del atletismo	26
Carreras de velocidad	28
Medio fondo, fondo, vallas y *steeplechase*	30
Competencias de salto	32
Lanzamientos, pruebas combinadas y marcha	34
Los dioses del estadio	36
Halterofilia	38

CICLISMO

Historia del ciclismo	40
Ciclismo de carretera	42
La Vuelta a Francia	44
Ciclismo de pista	46
Ciclismo de montaña	48

DEPORTES ACUÁTICOS

Historia de la natación	50
Estilos de nado	52
Los nadadores	54
Clavados, nado sincronizado y polo acuático	56
Historia del veleo	58
Carreras trasatlánticas	60
Vueltas al mundo en velero	62
Regatas y carreras en alta mar	64
Deslizador con vela	66
Deslizador y esquí acuático	68
Historia del remo	70
Competencias de remo	72
Historia del canotaje y del kayak	74
Competencias de canotaje, kayak y balsa	76
Triatlón	78

DEPORTES DE CONJUNTO

Historia del fútbol	80
Los futbolistas y su técnica	82
El partido de fútbol	84
La Copa del Mundo y la Copa Europea	86
Grandes jugadores de fútbol	88
Historia del rugby	90
El partido de rugby	92
Fútbol americano	94
Historia del baloncesto	96
El partido de baloncesto	98
Handball	100
Voleibol	102

JUEGOS DE PELOTA

Béisbol	104
Pelota vasca	106
Hockey sobre césped	108
Historia del tenis	110
El partido de tenis	112
Torneos de tenis	114
Grandes jugadores de tenis	116
Bádminton y tenis de mesa	118

DEPORTES DE COMBATE

Las artes marciales	120
Judo	122
Karate	124
Lucha	126
Boxeo	128
Boxeo francés	130
Esgrima	132

EQUITACIÓN

Historia de la equitación	134
Competencias de equitación	136
Polo y pato	138

NIEVE, HIELO Y MONTAÑA

Historia del esquí en nieve	140
Descenso y súper gigante	142
Eslálom y esquí de velocidad	144
Esquí de fondo, biatlón y combinado nórdico	146
Salto en esquí y esquí acrobático	148
Bobsleigh y trineo	150
Patinaje artístico	152
Patinaje de velocidad y hockey sobre hielo	154
Alpinismo y escalada	156

DEPORTES DE DESTREZA

Tiro al blanco	158
Tiro con arco	160
Golf	162

DEPORTES AÉREOS

Historia del vuelo libre	164
Competencias de vuelo libre	166
Ultraligeros de motor	168
Paracaidismo	170

AUTOMOVILISMO Y MOTOCICLISMO

Historia del automóvil	172
Automovilismo de Fórmula 1	174
Rallys, carreras de gran distancia y carreras estadounidenses	176
Rallys de resistencia	178
Motociclismo	180
Motociclismo de montaña	182

DEPORTES PARA MINUSVÁLIDOS

Los minusválidos y el deporte	184

GRANDES FECHAS EN LA HISTORIA DEL DEPORTE

884 a.C.
Primeros juegos en Olimpia

708 a.C.
Aparición del pentatlón en Grecia

392 d.C.
Se prohibieron los Juegos Olímpicos

1754 Surgió el golf

1846 Creación del béisbol

1850 Aparecieron los primeros clubes deportivos

1860 Creación del patinaje artístico

1863 Surgió el fútbol

1870 Se jugó polo acuático por primera vez

1871 Creación del rugby

1873 Apareció el bádminton

1874 Creación del tenis
Surgió el tenis de mesa

1877 Tenis: se crea el Campeonato Internacional de Gran Bretaña, en Wimbledon

1889 Apareció el *bobsleigh*

1891 Invención del baloncesto

1895 Creación del voleibol

1896 Restauración de los Juegos Olímpicos en Atenas
Surgió la halterofilia
En los JO se inscribieron el atletismo, la natación, el tiro y la esgrima

1900 Se admitió en los JO al fútbol, velerismo, tenis, salto de obstáculos (ecuestre) y remo
Tenis: creación de la Copa Davis

1903 Creación de la vuelta de Francia

1904 Se admitió en los JO al boxeo inglés y los clavados

1908 Se admitió en los JO al hockey sobre pasto
Ciclismo: surge la Vuelta a Bélgica

1909 Ciclismo: creación de la Vuelta a Italia

1911 Surgió el Rally de Montecarlo

1912 Los JO logran resonancia mundial
Equitación: se admitió en los JO la prueba de *dressage*

1913 Coubertin inventó la bandera olímpica

1903
El vencedor de la Vuelta a Francia

1984
Aparece la gimnasia rítmica en los Juegos Olímpicos

1913
Aparece la bandera olímpica

1993
Marsella gana la copa de los clubes europeos campeones

884 a.C.
Estatua de un corredor en Olimpia

1920 Surgió el esquí acuático. Se admitió el hockey sobre hielo en los JO de verano

1923 Aparecieron las 24 Horas de Le Mans

1924 Primeros JO de invierno en Chamonix. Se admitió en los JO de invierno el *bobsleigh*, el patinaje artístico y de velocidad y el hockey sobre hielo

1930 Primera Copa del Mundo de fútbol

1936 Se admitió en los JO el canotaje y baloncesto

1948 Creación de la gimnasia rítmica

1956 Se creó la Copa Europea para clubes campeones de fútbol

1960 Esquí: se admitió el biatlón en los JO. Creación de los Juegos Paralímpicos de verano

1964 Se admitió en los JO el voleibol y el trineo

1970 Creación del triatlón moderno

1973 Primer campeonato de deslizador con vela

1976 Primer campeonato mundial de deslizador. Creación de los Juegos Paralímpicos de invierno

1978 Primera Ruta del Ron

1979 Se creó el Rally París-Dakar

1984 Los profesionales ingresaron a los JO. Se admitió la gimnasia rítmica, el nado sincronizado y el deslizador con vela en los JO

1986 Se reconoció oficialmente al esquí acrobático en un campeonato mundial

1987 Creación de la Copa Mundial de rugby

1988 Esquí: se admitió el súper gigante en los JO

1992 Se admitió el bádminton en los JO

1993 El equipo Olympique, de Marsella, vencedor en la Copa Europea de fútbol

1994 Juegos Olímpicos de invierno en Lillehammer

1996 Juegos Olímpicos de verano en Atlanta

1998 La Copa del Mundo de fútbol tendrá lugar en Francia

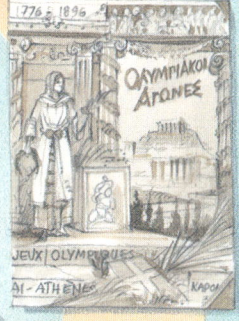

1978
Michaël Birch, vencedor en la Ruta del Ron

1924
La concursante más joven en el patinaje artístico, de 11 años

1928
Copa Mundial de fútbol

1896
Restauración de los Juegos Olímpicos

1871
Creación del rugby

Nota: Se designa como fecha de inicio aquella en que se promulgan las reglas de un deporte.

ORÍGENES DEL DEPORTE

El deporte nació con los primeros desafíos físicos de los hombres prehistóricos. En sus juegos (luchas, lanzamiento de piedras), los hombres de la prehistoria ya buscaban probarse y medirse unos con otros.

El deporte, un rito religioso

Las primeras competencias deportivas organizadas aparecieron en la antigüedad. Dos mil 700 años antes de nuestra era se practicaba en China el kung-fu, combate defensivo sin armas, antepasado de todas las artes marciales. En otras regiones, egipcios, asirios y cretenses organizaron competencias de tiro con arco o de saltos y juegos de pelota. Estas competencias a menudo eran parte de un rito religioso. Fue en Grecia donde el deporte llegó a su apogeo. Nueve siglos antes de Cristo, el poeta griego Homero relató en la *Ilíada* un episodio en el que Aquiles organiza unos juegos en memoria de su amigo Patroclo, muerto durante el sitio de Troya. Es el primer escrito sobre deportes.

Los juegos de Olimpia se organizaban cada cuatro años, lapso que se denominó olimpiada.

Los juegos en Olimpia

La leyenda narra que, para terminar con los conflictos entre las antiguas ciudades griegas, Ifitos, rey de Élide, consultó al oráculo, la pitonisa de Delfos. Ella le aconsejó que organizara unos juegos en honor a Zeus, en los cuales podrían participar hombres de todas las ciudades griegas. Ifitos eligió la ciudad de Olimpia, y los primeros juegos tuvieron lugar en el año 884 antes de Cristo. Limitadas inicialmente a la carrera del estadio (192.27 m), las pruebas aumentaron en número poco a poco (carrera de 24 estadios, pugilato, pentatlón, que combinaba salto, lanzamiento de disco y jabalina, carrera y lucha).

En Olimpia, donde ya se rendía culto a Zeus, Ifitos hizo construir un estadio, edificios para entrenamiento físico y enseñanza y templos.

La estatua de Zeus en Olimpia tenía 12 m de alto y estaba recubierta de oro y marfil. Esa estatua, que ya no existe, fue una de las siete maravillas del mundo.

HISTORIA DE LOS DEPORTES

El gimnasio

Los griegos daban al deporte un sitio preponderante. Fueron los primeros en reconocer que el hombre logra su plenitud al combinar los ejercicios físicos e intelectuales. El gimnasio era el centro de educación para los adolescentes de 14 a 18 años. En Atenas, los dos gimnasios más reconocidos fueron la Academia y el Liceo.

El gimnasio contaba con un amplio espacio reservado para actividades físicas como carreras, lanzamiento de disco y jabalina o lucha. Este terreno deportivo estaba rodeado por galerías, donde los adolescentes estudiaban ciencias y filosofía.

Fin de los juegos olímpicos

Grecia se convirtió en provincia del Imperio Romano en el año 146 antes de Cristo. Los romanos no tenían el mismo ideal deportivo que los griegos. Autorizaron las apuestas deportivas y preferían los juegos de circo. Los Juegos Olímpicos degeneraron y fueron prohibidos en el año 392 d.C. por el emperador Teodosio I.

DECADENCIA Y RENACIMIENTO

Tras la caída del Imperio Romano, el deporte sufrió un largo olvido durante las invasiones bárbaras, ya que las tribus germánicas se interesaban sobre todo en los combates. A principios de la Edad Media (siglo X), las competencias renacieron. Se organizaron certámenes de arqueros, pruebas de lucha y juegos de pelota.

DE FRANCIA A INGLATERRA

En Francia, estos populares juegos, recibieron el nombre de *desports*. Fueron llevados a Inglaterra después de la conquista de ésta por los normandos, en el siglo XI. Los ingleses convirtieron el nombre en *sport* (en español, *deporte*). En Francia, el deporte más difundido fue la *soule*, que en Inglaterra dio origen al fútbol. Este deporte enfrentaba, sin reglas precisas ni pugnas demasiado violentas, a dos grupos de varias decenas de jugadores. El objetivo era llevar la pelota hasta un sitio determinado. El juego de pelota fue otro deporte también muy popular en Francia, que se jugaba de modo similar al tenis actual. Al momento de hacer el saque, el jugador advertía a su oponente gritando *tenetz*. Eso explica por qué el juego adquirió el nombre de tenis al desarrollarse en Inglaterra.

PROHIBICIONES REALES

A partir del siglo XV, el Renacimiento marca en Europa occidental un resurgimiento del interés de los intelectuales y los nobles en la Grecia antigua y su cultura deportiva. Los reyes de Francia, especialmente Francisco I y Enrique II, el rey Enrique VIII de Inglaterra y numerosos escritores, como Montaigne y Ronsard, practicaban deportes. Sin embargo, en los siglos XVI y XVII, la violencia de la *soule* y del fútbol obligó a los soberanos de Francia e Inglaterra a prohibir su práctica. Más adelante, durante el siglo XVII, los ejercicios al aire libre se sustituyeron poco a poco por juegos de salón, como las cartas y los dados. Así, la práctica del deporte decayó notablemente.

En 1596, en París había 250 lugares de juego de pelota.

HISTORIA DE LOS DEPORTES

EL DEPORTE RENACE EN INGLATERRA

La práctica del fútbol siguió viva en las escuelas inglesas. A principios del siglo XIX, en el colegio de Rubgy, Thomas Arnold observó que la pasión por el fútbol llevó a sus alumnos a reglamentar el juego y a imponerse una disciplina estricta. Consiguió que el deporte adquiriera un sitio importante en la formación de los alumnos. Así, durante todo el siglo XIX, la Gran Bretaña impulsó el desarrollo de la mayoría de los deportes modernos en todo el mundo. A partir de 1850 se crean en Inglaterra los primeros clubes deportivos. Muy pronto, los clubes se reúnen en federaciones para organizar competencias entre sí.

RESTAURACIÓN DE LOS JUEGOS OLÍMPICOS

El renacimiento deportivo conquistó Francia a fines del siglo XIX. El barón Pierre de Coubertin, pionero de esta renovación, tuvo la idea de restaurar los Juegos Olímpicos con el fin de dar popularidad al deporte. Los primeros Juegos de la era moderna se llevaron a cabo en Atenas en 1896.

LOS JUEGOS OLÍMPICOS MODERNOS

A fines del siglo XIX, el interés de los intelectuales en la cultura de la Grecia antigua se avivó por el descubrimiento de las ruinas de Olimpia. Entonces, se propagó la idea de los nuevos Juegos Olímpicos.

Azul: Europa
Amarillo: Asia
Negro: África
Verde: Oceanía
Rojo: América

COUBERTIN HACE RENACER LOS JUEGOS

El barón Pierre de Coubertin admiraba la Grecia antigua. Este prestigioso dirigente deportivo inició en 1888 una campaña de prensa para que renacieran los Juegos Olímpicos. El 16 de junio de 1894, en la Universidad de la Sorbona, presidió un congreso internacional que agrupó a quince países. El congreso votó por unanimidad el renacimiento de los Juegos. Los primeros se realizaron en Atenas en 1896.

Para establecer el nexo con la Grecia antigua, se reconstruyó el estadio panateneico, edificado en el año 350 antes de Cristo para celebrar las fiestas en honor de Atenea.

En 1913, Coubertin ideó la bandera olímpica, que se adoptó en los Juegos de Amberes en 1920. Los cinco anillos de diferentes colores representan los cinco continentes.

En Olimpia, el vencedor de cada prueba recibía una corona de olivo. En la actualidad, se otorga una medalla de oro al primer lugar, de plata al segundo y de bronce al tercero.

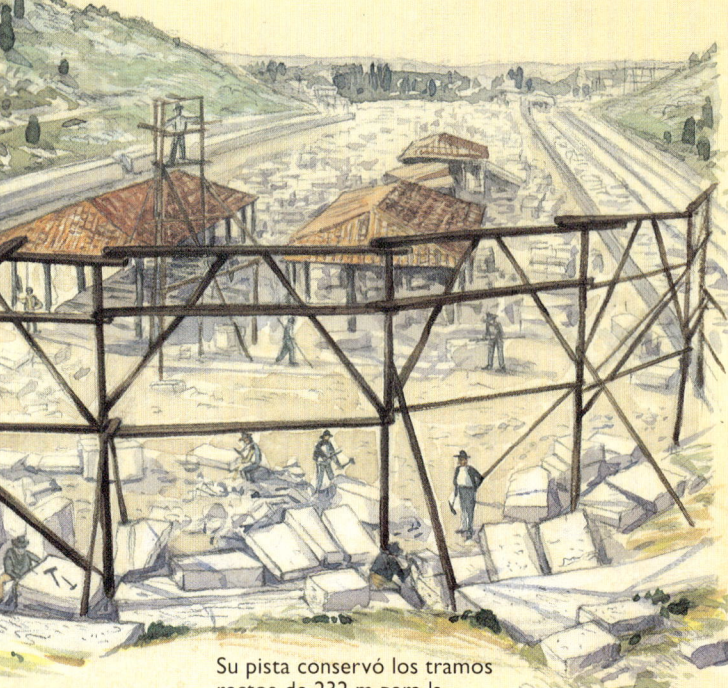

Su pista conservó los tramos rectos de 232 m para la carrera del estadio (192.27 m)

ALREDEDOR DEL MUNDO

Coubertin deseaba que los juegos se desplazaran de país en país. Al principio, siguieron las exposiciones universales (París, Londres, San Luis) pero, como duraban varios meses, tuvieron poco éxito. Por fin, en 1912, en Estocolmo, lograron resonancia mundial. Se reunieron 2 mil 541 asistentes de 28 países. Hasta la fecha, todos los continentes, salvo África, han sido anfitriones de los Juegos.

HISTORIA DE LOS DEPORTES

En Olimpia, una llama ardía mientras duraran los Juegos. Señalaba la tregua olímpica, que interrumpía los combates entre las ciudades griegas. La ceremonia de la llama se reanudó a partir de 1928. La llama se enciende en Olimpia y, desde allí, hombres y mujeres hacen relevos para llevarla hasta el estadio olímpico. Estos relevos simbolizan la unión de los pueblos del mundo.

Con motivo de cada celebración de los Juegos, se crea especialmente una mascota original.

La mascota de los Juegos Olímpicos de invierno de Albertville, en 1992.

EL DEPORTE AMATEUR QUEDA ATRÁS

El Comité Olímpico Internacional (COI), constituido durante mucho tiempo por miembros adinerados, despreciaba a los profesionales y exigía deportistas aficionados. En 1984, Samaranch, presidente del COI, rompió con esta política y permitió el ingreso de profesionales a los Juegos.

A PESAR DE LAS CRISIS

Los Juegos Olímpicos no son ajenos a las crisis políticas. Las tensiones entre Estados Unidos y la Unión Soviética implicaron el boicot, o ausencia, de numerosos países en los Juegos de Moscú en 1980, y en los de Los Ángeles en 1984. Sin embargo, pese a estas crisis, los Juegos han subsistido. Los de Barcelona, en 1992, reunieron a 10 mil asistentes de 175 países, lo que constituye un doble récord.

LOS JUEGOS DE INVIERNO ALCANZAN GRAN ÉXITO

Los Juegos Olímpicos se volvieron tan populares que, en 1924, en forma paralela a los Juegos de verano, se inician los Juegos de invierno en Chamonix. Estos Juegos se reservan para los deportes sobre nieve y hielo. Asistieron 294 participantes de 16 países. Los Juegos de Albertville, en 1992, reunieron a 2 mil 174 participantes de 64 países. Tal éxito llevó al COI a defasar los Juegos para que no coincidieran con los Juegos de verano. Por ello, se programaron los Juegos de invierno de Lillehammer para 1994 y los de verano en Atlanta para 1996.

Deporte y educación

Muy pronto, el deporte se concibió como un medio de educación. Los estudiantes han sido pioneros en muchos deportes. Los países con grandes deportistas son aquellos que conceden un sitio destacado al deporte en las escuelas.

El retroceso británico
Gran Bretaña fue el primer país que concedió un sitio destacado al deporte, desde mediados del siglo XIX. Colegios, universidades y clubes civiles contaban con amplios campos deportivos. En todos los colegios ingleses, las clases se imparten por la mañana, en tanto que la tarde se reserva para actividades complementarias y para los deportes. Sin embargo, desde 1970, restricciones gubernamentales han ocasionado una reducción en el número de profesores de deportes y, por ende, un menor número de horas consagradas al deporte.

El enfoque alemán
En Alemania, las materias académicas se enseñan de 8 a 13 horas. Así, puede practicarse ampliamente el deporte durante la tarde en la propia escuela. Hasta la reunificación de Alemania, en 1990, Alemania Oriental imponía una política de detección de aptitudes deportivas entre los niños de 3 a 4 años. En la escuela primaria, se canalizaba a los alumnos hacia los deportes en los que tenían más oportunidades de destacar. Eso explica en parte que la pequeña RDA se haya equiparado con Estados Unidos y la Unión Soviética en las competencias mundiales durante 40 años.

DEPORTE Y SOCIEDAD

Mascota de un equipo de fútbol americano

Las animadoras bailan y cantan para apoyar a su equipo.

Las universidades estadounidenses

Como otros países anglosajones, durante el siglo XIX los Estados Unidos siguieron el ejemplo británico. En todos los colegios, las tardes se reservan para que practiquen deportes quienes lo deseen. Las universidades estadounidenses son independientes, de pago y acaudaladas. Le dan mucha importancia al deporte, y cuentan con instalaciones excepcionales. Para promocionarse, reclutan a grandes campeones, estadounidenses o extranjeros, a los que asignan becas generosas.

Francia, el pariente pobre

Francia nunca ha considerado que el deporte deba formar parte integral de la educación. Éste sigue siendo el pariente pobre de la escolaridad. Durante los cursos escolares, rara vez se dedican más de tres horas a la semana al deporte, contra cinco horas previstas teóricamente por los programas. Pocas escuelas cuentan con instalaciones deportivas. Así pues, el deporte se practica sobre todo en clubes. Las ciudades promueven también la práctica del deporte al construir instalaciones y asignar subvenciones, pero esto depende de los recursos y la motivación de los ayuntamientos.

Un apoyo contra la drogadicción

Aparte de la educación escolar, el deporte se considera un medio para contrarrestar las presiones de la vida en las grandes ciudades, que conducen a la delincuencia y a las drogas. En Francia, desde 1990, se han construido instalaciones deportivas, aunque rudimentarias, en vecindarios de escasos recursos.

El deporte en la actualidad

Un fenómeno social

En este siglo, el deporte se ha convertido en un fenómeno social que abarca el mundo entero. Ocupa un sitio importante en la vida cotidiana, como actividad recreativa y como medio para un armonioso desarrollo físico. También es un espectáculo popular que puede llevar a diversos excesos: la violencia y las trampas.

El deporte profesional

El deporte, que se inició como un mero juego, al organizarse creó competencias a todos niveles. Durante mucho tiempo, los dirigentes deportivos no permitieron que se pagara a los campeones. Pero pronto se dieron cuenta de que, para alcanzar un alto nivel, el deporte exigía muchas horas de entrenamiento diario y no podían practicarlo sino campeones que le consagraran todo su tiempo. En los últimos veinte años se ha aceptado el deporte profesional, incluso en los Juegos Olímpicos. Se paga a los campeones por consagrarse totalmente a su entrenamiento. En los deportes más populares, como el box, fútbol, tenis, automovilismo o atletismo, los grandes campeones ganan sumas considerables. Así, el deporte también es un medio para obtener una posición social.

Pasión y violencia

La creciente pasión por los deportes ha llevado a muchos excesos. El fútbol en particular es víctima de la violencia. En Inglaterra, los *hooligans* (vándalos) tomaron los partidos como pretexto para armar camorra y causar verdaderos tumultos. En 1985, con motivo de la final Juventus-Liverpool, los vándalos provocaron decenas de muertes. Para tratar de frenar el problema, después de este drama se excluyó a los clubes ingleses de los campeonatos europeos. También ha surgido la violencia en el terreno de juego, debida a poderosos intereses económicos pero además porque, en todos los niveles de competencia, el resultado cuenta mucho más que el juego mismo.

DEPORTE Y SOCIEDAD

MILLONES DE ESPECTADORES

Los espectáculos deportivos ya eran muy populares a principios del siglo. Peleas de box, como la de Carpentier y Dempsey, atrajeron hasta 100 mil espectadores en los años veinte. El advenimiento de la televisión, a finales de los años cincuenta, llevó el espectáculo del deporte a todos los hogares. Han aparecido cadenas exclusivas de deportes. Cientos de millones de telespectadores en todo el mundo ven los Juegos Olímpicos, la Copa Mundial de fútbol, las grandes peleas de box, la vuelta ciclista a Francia, los torneos de tenis o las carreras importantes de la Fórmula 1.

EN CONTRA DEL DOPAJE

Los intereses económicos o la búsqueda de fama han dado lugar a trampas, de las cuales la más grave es el dopaje, o uso de sustancias químicas prohibidas. Con ellas, los atletas aumentan su rendimiento de modo artificial. Desde hace diez años, es posible descubrir la mayor parte de los casos de dopaje mediante análisis médicos. Las autoridades deportivas, apoyadas por los gobiernos, implantaron desde 1988 un sistema muy amplio de control. Esta lucha se justifica no sólo porque el dopaje es una trampa, sino porque entraña graves riesgos para la salud de los atletas que se dopan.

La descalificación del canadiense Ben Johnson en los Juegos de Seúl de 1988 ha sido la sanción más espectacular en la lucha contra el dopaje.

HISTORIA DE LA GIMNASIA

El nombre gimnasia viene del griego *gymnos,* que significa desnudo. En la Grecia antigua, los atletas iban desnudos.

ORÍGENES DIVERSOS

Durante mucho tiempo, la gimnasia incluyó diversos entrenamientos físicos realizados por los atletas sin intención de competir. En los gimnasios, los griegos de la antigüedad practicaban ejercicios físicos (de calentamiento, de desarrollo muscular, carreras) a fin de prepararse para diversos deportes, como atletismo, pugilato o luchas.

Demostración de gimnasia en el siglo XIX.

Por otra parte, en todas las civilizaciones ha habido desde siempre saltimbanquis que ejecutaban figuras acrobáticas, saltos y equilibrios sobre las manos. Estos diversos movimientos pueden verse dentro de la gimnasia moderna.

UN DEPORTE POR DERECHO PROPIO

A principios del siglo XIX, el alemán Ludwig Jahn introdujo la gimnasia con aparatos, como el caballo de madera, la viga, la barra fija y las barras paralelas. Esta gimnasia, que Jahn reglamentó, rápidamente adquirió gran éxito en Alemania, ya que se adoptó para el entrenamiento de los militares. El método Jahn pronto llegó a los países vecinos (Suiza, Francia, Bélgica, la ex Checoslovaquia). Se organizaron demostraciones de gimnasia en las fiestas populares. La primera de ellas tuvo lugar en Saint Gall, Suiza, en 1844.

DEPORTES INDIVIDUALES

LAS COMPETENCIAS MODERNAS
Hoy en día, las grandes competencias incluyen tres divisiones:

• Prueba por equipos: los mejores países se disputan el título entre equipos de seis gimnastas. Cada competidor participa en seis aparatos.

• Prueba general individual: los 36 primeros de la competencia por equipos pasan a los seis aparatos y se les clasifica según la suma de calificaciones obtenidas en los seis aparatos.

• Prueba por aparatos: los participantes compiten en forma individual en uno o varios aparatos. Se concede un premio a cada una de las seis especialidades. Esta especialización ha permitido a los gimnastas realizar considerables avances.

GIMNASIA MODERNA
Coubertin incluyó la gimnasia en los primeros Juegos Olímpicos, en 1896. La gimnasia adquirió su forma moderna en los Juegos de 1952, donde se concentró en seis ejercicios para hombres: salto de caballo, caballo con arzones, anillas, barra fija, barras paralelas y ejercicios a manos libres, y cuatro para las mujeres: salto de caballo, viga de equilibrio, barras asimétricas y ejercicios a manos libres.

LA GIMNASIA COMO ESPECTÁCULO
Durante mucho tiempo, los jueces premiaban la ejecución de movimientos clásicos y la fuerza. Después, al estimular la especialización, el aspecto estético y el riesgo fomentaron una gimnasia más espectacular, donde predomina la acrobacia.

Cuatro jueces y un presidente califican la ejecución de cada gimnasta de 0 a 10. Se obtiene un promedio eliminando la calificación más baja y la más alta.

GIMNASIA VARONIL

SALTO DE CABALLO

El aparato se salta en sentido longitudinal. Después de una carrera para tomar impulso, el gimnasta salta sobre un pequeño botador. Es fundamental la velocidad para conseguir una buena elevación antes de apoyarse sobre el caballo con una mano o ambas. El gimnasta debe elevarse cuando menos un metro por encima del caballo y ejecutar un salto mortal, sencillo o doble, o giros. Después debe caer sobre los pies, en forma estable, cuando menos a dos metros de distancia del caballo.

Salto mortal

EJERCICIOS A MANOS LIBRES

Es la disciplina menos rígida, donde puede expresarse mejor la personalidad del gimnasta. Utilizando toda la superficie, en particular las diagonales, el competidor debe ejecutar tres o cuatro series acrobáticas que liguen saltos mortales, giros y equilibrios sobre las manos, hacia adelante, hacia atrás y en sentido lateral. Además de agilidad y coordinación, la expresión estética es fundamental.

La escuadra

BARRAS PARALELAS

Este aparato exige gran dominio de la posición del cuerpo. El objetivo es realizar movimientos de impulso a todo lo largo de las barras, soltar las dos manos y, cuando menos, un ejercicio de fuerza, ya sea mantener las piernas en escuadra o el cuerpo horizontal. El virtuosismo va en aumento, con grandes giros y saltos mortales en la salida.
La caída debe ser estable.

LA BARRA FIJA

Este ejercicio obliga a realizar movimientos de impulso ligados, con grandes giros y soltar la barra. Este espectacular aparato es el más peligroso de todos. Los competidores por lo general sueltan la barra tres o cuatro veces. La salida debe lograr gran amplitud por encima de la barra, a menudo con un salto mortal o una pirueta. El gimnasta debe caer sobre ambos pies en forma estable.

Se suelta la barra por arriba

DEPORTES INDIVIDUALES

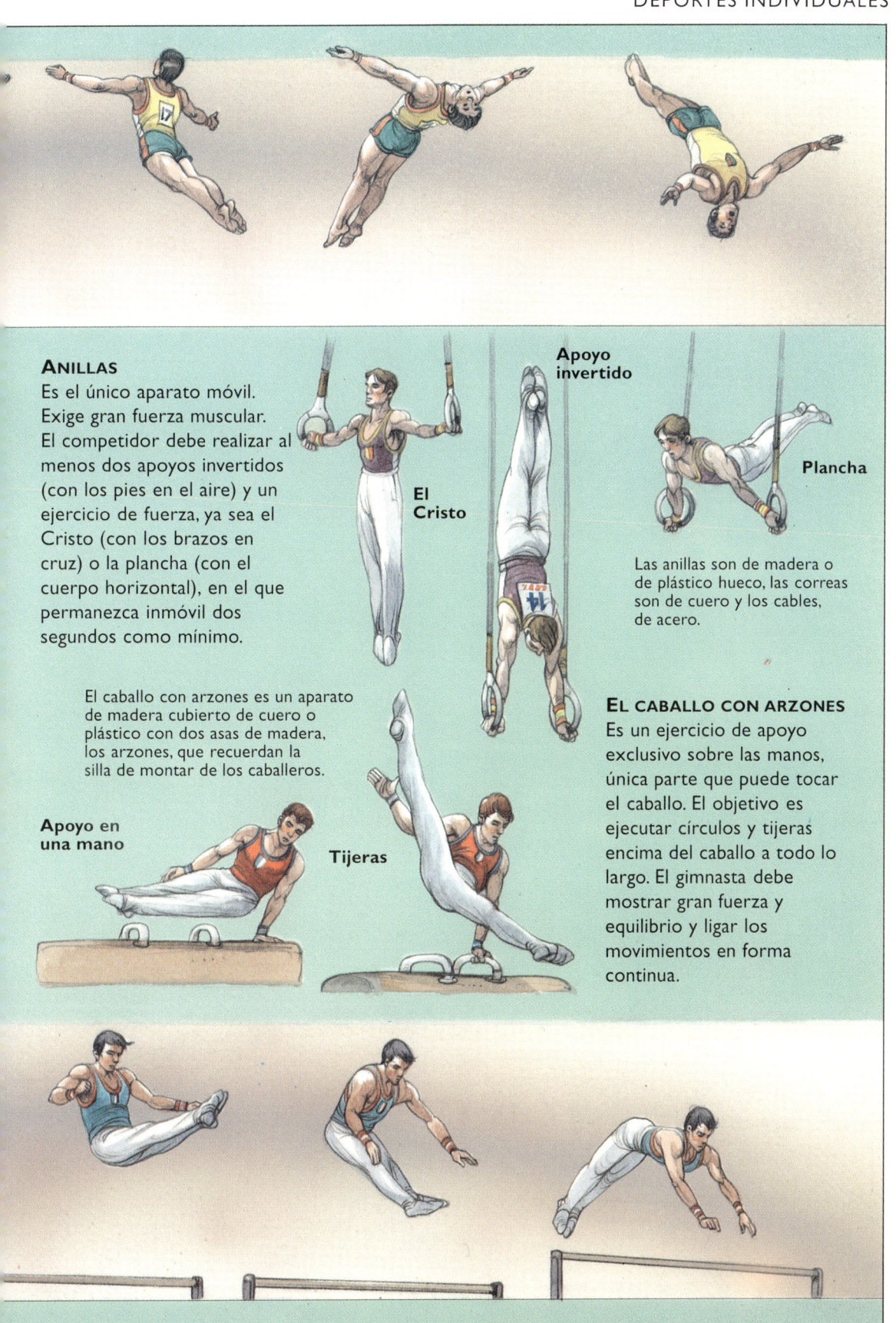

Anillas
Es el único aparato móvil. Exige gran fuerza muscular. El competidor debe realizar al menos dos apoyos invertidos (con los pies en el aire) y un ejercicio de fuerza, ya sea el Cristo (con los brazos en cruz) o la plancha (con el cuerpo horizontal), en el que permanezca inmóvil dos segundos como mínimo.

El Cristo

Apoyo invertido

Plancha

Las anillas son de madera o de plástico hueco, las correas son de cuero y los cables, de acero.

El caballo con arzones es un aparato de madera cubierto de cuero o plástico con dos asas de madera, los arzones, que recuerdan la silla de montar de los caballeros.

Apoyo en una mano

Tijeras

El caballo con arzones
Es un ejercicio de apoyo exclusivo sobre las manos, única parte que puede tocar el caballo. El objetivo es ejecutar círculos y tijeras encima del caballo a todo lo largo. El gimnasta debe mostrar gran fuerza y equilibrio y ligar los movimientos en forma continua.

Gimnasia femenil

Viga de equilibrio

Es un ejercicio de equilibrio y agilidad. Sobre una barra de 10 cm de ancho, la gimnasta liga armoniosamente varias acrobacias: saltos mortales hacia adelante y atrás, pararse de manos y abrir las piernas. La salida también debe ser acrobática, con una caída estable sobre los pies.

Salto

Katchev: volver a sujetarse con los brazos cruzados.

Barras asimétricas

Es un ejercicio de virtuosismo. La exhibición debe constar al menos de diez movimientos ligados y alternados sobre las dos barras. Está prohibido hacer más de cuatro movimientos seguidos en la misma barra. La ejecución incluye grandes giros, vueltas y soltar la barra. La salida es acrobática: la gimnasta debe elevarse por encima de la barra superior y caer en forma estable sobre los pies.

Ejercicios a manos libres

Las mujeres realizan series comparables a las de los hombres. Sin embargo, la adopción desde 1958 de acompañamiento musical, exclusivo para las mujeres, ha acentuado la naturaleza coreográfica de las exhibiciones femeniles. Las damas, más ligeras que los varones, logran por eso acrobacias más espectaculares.

DEPORTES INDIVIDUALES

Parada de manos

SALTO DE CABALLO
A diferencia de los hombres, las mujeres franquean el aparato a lo largo. No obstante, el desarrollo del salto conserva los elementos del ejercicio varonil: carrera de impulso, salto sobre un pequeño botador de resortes y salto sobre el caballo. Cada vez es más frecuente ver a la competidora ejecutar un salto mortal antes de apoyarse en el caballo para una segunda pirueta. La caída, muy difícil por el gran impulso, debe ser estable.

EL FENÓMENO COMANECI
En 1976, Nadia Comaneci, gimnasta rumana de 15 años, se convirtió en la reina de los Juegos de Montreal, al acumular calificaciones perfectas de 10. Por ella, la gimnasia femenil llegó a ser un verdadero espectáculo y se hizo más popular que la gimnasia masculina.

CAMPEONAS DIMINUTAS
La gimnasia actual se inclina más por el aspecto acrobático y espectacular de las exhibiciones, lo que da ventajas a las gimnastas muy jóvenes, más bajas y ligeras que las mayores. Para evitar excesos, desde 1980 las competidoras deben cumplir al menos 15 años en el curso del año para poder participar en competencias internacionales.

GIMNASIA RÍTMICA, *TUMBLING* Y CATRE ELÁSTICO

Gimnasia rítmica

La gimnasia rítmica es un deporte femenino por excelencia, que no practican los varones. Menos atlética que la gimnasia con aparatos, se realiza con accesorios ligeros: balón, cuerda, clavas, listón o aro. Estos accesorios requieren las mismas cualidades de destreza, agilidad y elegancia. La competencia, a base de malabarismos, consiste ante todo en lanzar y volver a atrapar los objetos con las manos, pero también con los pies.

Un ballet clásico

La gimnasia rítmica, que requiere agilidad y elegancia, también exige aptitudes coreográficas. Por su espectacularidad y su acompañamiento musical, se asemeja mucho a la danza. Las campeonas más destacadas a menudo practican varias horas de danza clásica al día. Más aún, para resaltar su diferencia con la gimnasia clásica, están prohibidos los saltos mortales.

Un deporte joven

La gimnasia rítmica, iniciada en 1948 en la Unión Soviética y los países de Europa Oriental, tuvo un desarrollo muy rápido en todo el mundo. Se presentó como deporte de exhibición en los campeonatos mundiales de gimnasia de 1958 y fue admitida en los Juegos Olímpicos a partir de 1984. Desde su origen, las gimnastas rusas y búlgaras han destacado en este deporte.

Pelota
La gimnasta debe hacer rodar la pelota a lo largo de los brazos y el cuerpo sin dejar de controlarla.

Cuerda
Se trata sobre todo de efectuar saltos de diferente amplitud y arrollar la cuerda alrededor del cuerpo.

El *tumbling*

Este deporte, no incluido en los Juegos Olímpicos, es una variante de los ejercicios a manos libres de la gimnasia. Se practica sobre una pista de 25 m de largo y 1.50 m de ancho, montada sobre resortes y recubierta de espuma de caucho. Esta pista va precedida de una pista de impulso de 10 m.

Los competidores deben realizar una serie ininterrumpida de saltos. Siete jueces califican la exhibición según su calidad técnica y su dificultad.

Gracias a la elasticidad de la pista y a la velocidad adquirida por la carrera de impulso, los saltos y series son muy acrobáticos.

DEPORTES INDIVIDUALES

Aro
La competidora efectúa básicamente pasos a través del aro y rotaciones alrededor de un punto fijo.

CALIFICACIÓN
Un jurado, formado por varios jueces, califica a las competidoras de 0 a 10. Se calcula el promedio después de eliminar la calificación más alta y la más baja.

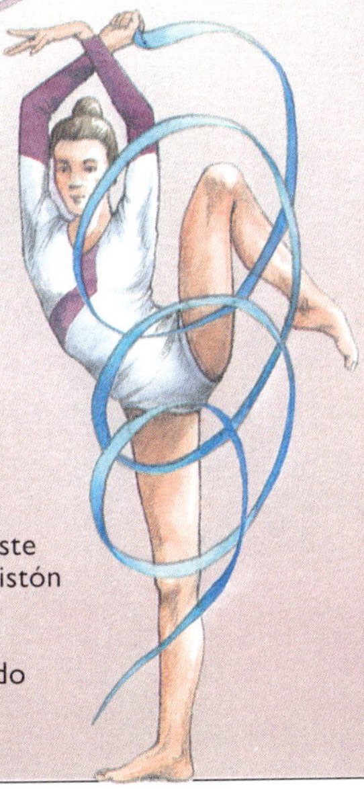

Clavas
Es ante todo un ejercicio de malabarismo. La gimnasta realiza también molinetes y círculos, y puede hacer que las clavas reboten contra el suelo.

Listón
El objetivo consiste en mantener el listón en movimiento durante todo el ejercicio, haciendo espirales y ondulaciones.

CATRE ELÁSTICO

En su origen, el catre elástico era un simple juego de playa, practicado sobre una lona fija con resortes de acero a un marco metálico. Se convirtió en deporte ante la creación de catres de gran tamaño que permiten rebotes más elevados. Sin embargo, todavía no es deporte olímpico.

El objeto es realizar saltos mortales, giros y otras figuras acrobáticas entre rebotes en el catre. Hay competencias individuales o entre equipos de cuatro. Los competidores son calificados por un jurado que incluye un juez árbitro, cinco jueces de ejecución y dos jueces de dificultad.

Para evitar posibles accidentes por caída de los competidores fuera del marco metálico, cuatro asistentes vigilan en los costados del catre elástico.

Historia del atletismo

El nombre atletismo proviene del griego *athlos*, que significa combate. En la Grecia antigua, atletismo designaba inicialmente a todos los deportes practicados. Al multiplicarse las pruebas en los Juegos de Olimpia, se restringió a carreras, saltos y lanzamientos.

Un discóbolo

Un doble origen

Grecia fue la cuna del atletismo. Los primeros Juegos Olímpicos incluían una sola prueba, la carrera del estadio (192.27 m). Después, los griegos multiplicaron las carreras. En el año 708 antes de Cristo, sentaron las bases del programa moderno al crear el pentatlón, que combinaba carrera, salto de longitud, pugilato, disco y jabalina. En la misma época se organizaban en Irlanda los juegos de Tailti, que comprendían lanzamientos de troncos de árbol, ruedas y piedras.

Sirvientes corredores

Los Juegos de Olimpia terminaron en el año 392 después de Cristo. Las competencias de atletismo renacieron a principios del siglo XVIII en Inglaterra, con corredores profesionales. Los aristócratas le pagaban a algunos de sus sirvientes para que corrieran en los caminos recién creados. Estos *footmen*, a los cuales estaba autorizado apostar, llevaban casacas como de *jockey*.

Los *footmen* eran sirvientes de a pie, entrenados para correr delante de las carrozas de sus amos y abrirles paso.

DEPORTES INDIVIDUALES

La primera competencia de atletismo entre las universidades de Oxford y Cambridge tuvo lugar en 1864.

Estados Unidos imita a Inglaterra

Durante el siglo XIX, los estudiantes sustituyeron a los profesionales. El Colegio de Rugby organizó en 1837 la *Crick run,* de 20 km, la carrera oficial más antigua de la historia. Los estadounidenses los imitaron a partir de 1868. Fuera de Inglaterra, el resto de Europa permaneció rezagado. Las primeras carreras se improvisaron en París, por los estudiantes, en los pasillos de la estación de trenes de Saint-Lazare.

Consagración en Atenas

El atletismo moderno se consagró como el primer deporte olímpico en los Juegos de Atenas, en 1896. El atletismo moderno comprende carreras, saltos, lanzamientos y pruebas de marcha. También incluye competencias combinadas en las que el atleta, durante dos días, participa sucesivamente en diversas carreras, saltos y lanzamientos.

Las mediciones precisas del desempeño durante las competencias permiten establecer récords. Estos se superan gracias al número creciente de participantes, a las nuevas técnicas y a la evolución en los recursos.

Salto de altura en 1908: técnica de tijera.

En los años cincuenta: giro de frente.

Una revolución técnica en 1968: el salto de **Fosbury**.

Carreras de velocidad

El ámbito de la velocidad

Las carreras de velocidad son aquellas que se corren en distancias cortas, de 100 a 400 metros. En estas distancias, el ser humano despliega el máximo de su potencia. La velocidad máxima llega aproximadamente a los 275 metros. Es por ello que la mitad del récord de 200 metros es superior al de los 100 metros. El programa olímpico, para varones y damas, comprende los 100, 200 y 400 metros, así como relevos en que compiten equipos de cuatro corredores, el de 4 × 100 metros y 4 × 400 metros.

Entrenamiento

Para ser buen corredor de distancias cortas, no es necesario un físico especial, pero es indispensable tener velocidad, agilidad y buenos reflejos. En las sesiones de entrenamiento, el corredor practica sobre todo la técnica del arranque y se ejercita con pesas y aparatos para tonificar los músculos, en especial las piernas.

Las manos se colocan detrás de la línea de salida.

El arranque

El corredor debe estar inmóvil antes del disparo de salida. Si se adelanta, se llama salida en falso. El corredor que comete dos salidas en falso queda eliminado. El cronometraje eléctrico, conectado con el pistolete, permite saber el tiempo de reacción del corredor, registrando el momento preciso en que se impulsa en los arrancadores. Si la reacción es inferior a 1/10 de segundo, se considera como salida en falso.

Los arrancadores

El estadounidense Sherill fue el primero que realizó la salida en cuclillas, en 1899. Durante mucho tiempo, los corredores hacían hoyos en el suelo para meter los pies e impulsarse al momento de arrancar. En 1934 se adoptaron los arrancadores. Están fijos en la pista y se gradúan según la estatura de cada corredor, para permitir un mayor impulso.

La llegada

La llegada se registra en el momento en que el torso del corredor atraviesa la línea de meta. Es por ello que, en las últimas zancadas, los corredores se inclinan hacia el frente, "quebrando" el cuerpo. El aparato de control de la llegada filma el paso de cada corredor en centésimas de segundo.

DEPORTES INDIVIDUALES

CARRERAS POR CARRILES
Cada corredor va por un carril para no estorbar a sus contrincantes. Si pone el pie en el carril vecino, se le descalifica. Cuanto más lejos está un carril del borde interior de la pista, sus vueltas son más largas. En las carreras que incluyen curvas, los corredores arrancan de puntos que compensan la diferencia y, de ese modo, recorren la misma distancia.

LOS EQUIPOS DE RELEVOS

Las carreras de relevos, 4 × 100 y 4 × 400 metros, se realizan por equipos de cuatro corredores. Cada corredor debe llevar sucesivamente la estafeta, un tubo cilíndrico de 30 cm. La entrega de la estafeta entre dos corredores se efectúa en una zona de 20 metros marcada en el suelo. Entregarla fuera de esta zona descalifica al equipo. En el relevo de 4 × 100, la entrega de la estafeta debe ser técnicamente perfecta para que los relevistas puedan pasarla al tiempo que corren a velocidad máxima.

En el relevo 4 × 400, sólo la primera vuelta y la curva que sigue se corren en carriles. Después, todos los relevistas se agrupan en el carril interno.

Medio fondo, fondo, vallas y *steeplechase*

Carreras de medio fondo y de fondo

Además de las carreras de velocidad, existen las carreras de medio fondo (800 y 1 500 metros), de fondo (5 000 y 10 000 metros) y de gran fondo, como la carrera de la hora y el maratón. El programa olímpico incluye cinco carreras de medio fondo y de fondo: 800, 1 500, 5 000 y 10 000 metros y maratón. Para damas, los 3 000 metros sustituyen a los 5 000. En estas carreras, a diferencia de las de velocidad, el corredor controla su ritmo. Según su táctica, puede acelerar o bajar el paso.

Las carreras de medio fondo y de fondo se corren en pelotón, salvo los primeros 100 metros de la carrera de 800, que se corren en carriles.

La "liebre"

Un corredor que sigue a otros resiste mejor el esfuerzo que quien va a la delantera, por un fenómeno psicológico. Cuando se buscan récords, o en las carreras numerosas, es frecuente que un corredor participe únicamente para llevar la delantera el mayor tiempo posible a un ritmo intenso. Se le llama la "liebre".

Empuje y resistencia

La cualidad necesaria para el medio fondo es el *empuje*, que significa mantener durante dos a cuatro minutos un esfuerzo cercano a la velocidad máxima. El entrenamiento consiste en correr a toda velocidad series de carreras cortas de 100 a 400 metros, intercaladas con lapsos de recuperación cortos, aproximadamente de un minuto. Para fondo y gran fondo, el entrenamiento se realiza en distancias más largas. Tiene por objeto mejorar la resistencia, es decir, la facultad de mantener por largo rato un ritmo de carrera intermedio.

Cuando un corredor sufre una caída, siente profunda aflicción.

Corredores de resistencia y de cierre

En las pruebas de medio fondo y de fondo, resulta esencial administrar el esfuerzo. Hay dos tipos de corredores: los de resistencia, que imponen un paso sostenido para dejar atrás a sus adversarios, y los de cierre, que no toman la delantera y reservan su mayor velocidad para el final de la carrera. El carril interior de la pista es ideal, ya que allí se cubre la menor distancia. Si el ritmo es lento, dentro de un pelotón compacto, es preferible apartarse un poco hacia el exterior para evitar empellones y responder mejor a cualquier ataque en la delantera.

DEPORTES INDIVIDUALES

El maratón

Desde su creación en los Juegos Olímpicos de 1896, esta carrera estuvo marcada por desmayos dramáticos. Los participantes no se entrenaban en distancias suficientes para resistir los 42.195 kilómetros. En la actualidad es una prueba dura pero no sobrehumana. En todo el mundo, muchos miles de hombres y mujeres compiten en maratones.

Carreras de vallas

Los hombres corren 110 y 400 metros; las mujeres, 100 y 400. Todas las carreras incluyen 10 vallas.

Steeplechase

Los 3 mil metros de *steeplechase*, competencia exclusiva de hombres, incluyen 28 saltos de vallas y 7 cruces de arroyo.

Es importante recuperar lo más pronto posible el apoyo en el suelo después de la valla.

Competencias de salto

Salto con garrocha

El atleta realiza una larga carrera de impulso en línea recta para adquirir la máxima velocidad y, con esta, una mayor fuerza de ascenso. A continuación clava la garrocha (o pértiga) en un cajón de arena y la encorva para que actúe como resorte, lo que favorece una elevación aún mayor. La fabricación de garrochas de fibra de vidrio permitió mejorar el récord, que subió de 5.65 a 6.15 metros.

Reglamento

En el salto de altura y el salto con garrocha, los atletas tienen derecho a tres intentos por cada altura en que se sitúa la barra. En caso de empate, se concede la ventaja al competidor que empleó menos saltos para llegar a la misma altura. Si siguen empatados, tiene la ventaja aquel que realizó menos saltos en toda la competencia. En las pruebas de salto de altura participan hombres y mujeres; en las de salto con garrocha, sólo hombres.

Salto de altura

Consiste en salvar una barra colocada a la mayor altura posible entre dos largueros. La técnica de saltar de espaldas a la barra, introducida en 1968 por Fosbury, elevó el récord de 2.30 a 2.44 metros.

El competidor debe saltar, con ayuda de la garrocha, por encima de una barra apoyada en dos largueros.

El atleta da unas zancadas de impulso en un trayecto curvo.

Se acerca a la barra de espaldas, toma impulso con un solo pie y realiza una extensión.

Rodea la barra con el cuerpo y cae sobre un colchón de espuma.

Salto de longitud

En el salto de longitud, el atleta debe saltar lo más lejos posible. Primero, corre en una pista de cuando menos 40 metros de largo. Se impulsa sobre una plataforma blanca y cae en un foso de arena. Se mide el salto entre la línea de impulso y la huella más cercana a esta línea dejada por cualquier parte del cuerpo. Si el pie del atleta rebasa la línea de apoyo, el intento se anula. Para lograr un buen salto es esencial la velocidad. Los grandes corredores de velocidad a menudo destacan también en esta disciplina.

Salto triple

El atleta realiza tres saltos antes de caer lo más lejos posible en el foso de arena. Las instalaciones son idénticas a las del salto de longitud, con una excepción: mientras que en el salto de longitud la plataforma está a un metro del foso de caída, en el salto triple está colocada a 10 metros del foso. La pista se prolonga entonces más allá de la plataforma de impulso.

Reglamento

En el salto de longitud y el salto triple, cada atleta tiene derecho a seis intentos. Se toma en cuenta el mejor salto realizado. En el salto de longitud participan hombres y mujeres; en el salto triple, sólo hombres.

El primer salto se efectúa sobre un solo pie; el competidor toma impulso para el segundo salto sobre el mismo pie que para el primero.

El atleta toma impulso para los tres saltos sobre una pista firme.

LANZAMIENTOS, PRUEBAS COMBINADAS Y MARCHA

Para el lanzamiento de disco, bala o martillo, el atleta se ubica en un círculo de metal con superficie dura y antiderrapante.

Para el lanzamiento de disco y martillo, se coloca alrededor del círculo una jaula metálica de protección.

El disco se sostiene con una sola mano. El lanzador da varias vueltas para lograr la máxima fuerza centrífuga.

El lanzamiento se realiza a dos manos, girando para obtener la máxima velocidad y fuerza centrífuga.

Disco

En los juegos de Olimpia, se registró un récord de 28.17 metros, alcanzado por un tal Failos, pero se desconoce el tamaño y el peso del proyectil. Los griegos incluyeron en el programa olímpico el lanzamiento de disco, desconocido para los anglosajones, desde los primeros Juegos modernos en Atenas, en 1896.

Para varones, 2 kg
Para damas, 1 kg

Martillo

En Oxford, en 1860, se establecieron las reglas del martillo moderno. Este proyectil está compuesto por una esfera, igual que en el lanzamiento de bala, a la cual se fija un cable de acero y un asa. Esta competencia es exclusiva para varones.

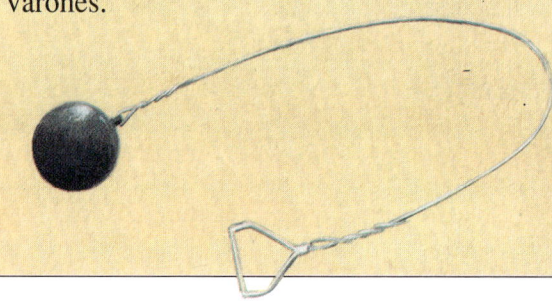

Marcha y pruebas combinadas

El atletismo también comprende la marcha y las pruebas combinadas: el heptatlón para las damas y el decatlón para los varones.

Heptatlón

Durante dos días, las competidoras efectúan sucesivamente siete pruebas de atletismo: tres carreras (200 y 800 metros planos y 100 metros de vallas), dos saltos (de longitud y de altura) y dos lanzamientos (bala y jabalina).

Decatlón

Durante dos días, los competidores participan en diez pruebas de atletismo: cuatro carreras (100, 400 y 1 500 metros planos y 110 metros de vallas), tres saltos (de altura, de longitud y con garrocha) y tres lanzamientos (bala, disco y jabalina).

DEPORTES INDIVIDUALES

En la gama del atletismo, los lanzadores representan la expresión de la fuerza. Estos atletas tienen una constitución impresionante.

REGLAMENTO
El atleta debe lanzar el proyectil (disco, bala, martillo o jabalina) lo más lejos posible dentro de la zona de caída. El proyectil no debe caer fuera de esta zona. Los lanzadores tienen derecho a seis intentos. Sólo se toma en cuenta el mejor.

La bala se coloca sobre el hombro, a un lado de la cara.

El atleta debe sostener la jabalina por la empuñadura, situada en su centro de gravedad, y lanzarla por encima del hombro.

BALA
El lanzamiento de bala moderno se remonta a los orígenes de la artillería (siglo XV). En esa época, los soldados se divertían lanzando las pesadas balas de cañón. En 1860, los ingleses fijaron el peso en 16 libras (7.257 kg). Hasta 1865, se lanzaba con las dos manos. Desde entonces, se impulsa con una sola mano. La bala para las damas pesa 4 kg.

JABALINA
En la Grecia antigua, la jabalina, sostenida con una mano e impulsada con la otra, se lanzaba contra un blanco. En 1912 se impuso el lanzamiento con una sola mano. La jabalina debe tocar el suelo con la punta. La jabalina de los varones es más larga y pesada que la de damas.

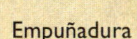

Empuñadura

Para varones, 2.60 m, 800 g
Para damas, 2.20 m, 600 g

MARCHA
Las principales pruebas de marcha se organizan en distancias de 20 y 50 kilómetros para varones y de 10 kilómetros para damas. Además, cada año se organizan grandes competencias, como la de París-Colmar, que consiste en recorrer 500 kilómetros de un tirón.

Los dioses del estadio

El atletismo se universalizó después de 1945. Atletas de la Unión Soviética, África y América del Sur lograron un alto nivel. He aquí algunos atletas que han dejado huella en la época moderna.

EMIL ZATOPEK (Checoslovaquia)
Nacido el 19 de septiembre de 1922. Carreras de medio fondo y de fondo. Hijo de un obrero, Zatopek se alistó en el ejército, donde podía entrenar todos los días. Este intenso trabajo cotidiano le permitió revolucionar el medio fondo y el fondo. Fue un corredor potente que agotaba a sus adversarios con sus múltiples aceleraciones a lo largo de la carrera. Apodado la "Locomotora Humana", permaneció invicto en los 1 000 metros durante siete años. En los Juegos de 1952, logró un triunfo triple al ganar los 5 000 metros, los 10 000 metros y el maratón. El día de este tercer triunfo, su esposa Dana se coronó campeona olímpica de jabalina. Ascendido a coronel, se le degradó en 1968 por oponerse a la represión soviética durante la "Primavera de Praga".

CARL LEWIS (Estados Unidos)
Nacido el 1 de julio de 1961. Carreras de 100 y 200 metros planos y salto de longitud. Sus padres lo entrenaron desde pequeño y, a los 12 años, ganó una competencia de salto de longitud. Lo premió Jesse Owens, cuádruple campeón olímpico en 1936 en los 100 y 200 metros, 4 x 100 y salto de longitud. Desde entonces, el joven Carl Lewis soñó con alcanzar a su ídolo, meta que logró en los Juegos de 1984. Con su gran estatura (1.88 m) y su zancada de 2.55 metros, arrancaba despacio pero, ya en movimiento, tenía una aceleración asombrosa. Es el hombre que más veces ha corrido los 100 metros en menos de 10 segundos y saltado más de 8.70 metros.

Cuatro veces campeón olímpico en 1948 y 1952, estableció todos los récords del mundo, desde los 5 000 m hasta los 30 km.

4 medallas de oro en los JO de 1984: 100 m, 200 m, 4 x 100 y salto de longitud. 2 medallas de oro en los JO de 1988: 100 m y salto de longitud. 3 medallas de oro en los JO de 1992: 100 m, 4 x 100 y salto de longitud.

Sergei BUBKA (Ucrania)

Nacido el 4 de diciembre de 1963. Salto con garrocha. Apodado el "Zar", debido a su largo reinado en el salto con garrocha, es con mucho el más grande saltador de todos los tiempos. Gracias a su velocidad y a su gran fuerza en los brazos, lograba encorvar garrochas más duras que otros atletas, lo que le daba un mejor ascenso. Bubka, el único que ha saltado más de 6 metros, optaba por romper sus récords centímetro a centímetro, ya que cobraba una prima considerable cada vez que establecía un nuevo récord. Desde la disolución de la Unión Soviética, se estableció en Berlín.

34 récords del mundo, al aire libre o bajo techo, entre 1984 y 1992. Elevó el récord mundial de 5.81 a 6.15 m.

Florence GRIFFITH

(Estados Unidos) *Nacida el 21 de diciembre de 1959. Carrera de 100 y 200 metros.* Entrenada por su marido, el campeón olímpico Al Joyner, Griffith se convirtió en la reina de los Juegos de Seúl en 1988, donde obtuvo un sorprendente triunfo doble al ganar en los 100 y los 200 metros. En esa ocasión, estableció los dos récords mundiales en 10:49 y 21:33, tiempos que ninguna mujer había logrado.

Campeona olímpica en los 100 y 200 m y los 4 x 100. Récords del mundo en 100 y 200 m.

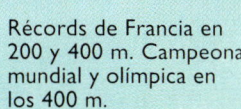

Récords de Francia en 200 y 400 m. Campeona mundial y olímpica en los 400 m.

Marie-José PEREC (Francia)

Nacida el 9 de mayo de 1968. Carreras de 100, 200 y 400 metros planos. Esta joven, muy veloz, poseía cualidades excepcionales de velocidad y resistencia. Excelente en los 100 metros planos, era todavía mejor en los 200 metros, en los que rompió el récord de Francia. Realizó un intenso trabajo invernal en la casa de campo de su entrenador, Jacques Piasenta, convertida en gimnasio. Se coronó campeona del mundo en los 400 metros en Tokio en 1991 y campeona olímpica en Barcelona el año siguiente. Fue la mejor atleta francesa de su momento y pudo haberse convertido en la primera corredora de velocidad en triunfar en los 800 metros, un logro excepcional.

HALTEROFILIA

Abierta por igual a hombres y mujeres, esta disciplina consiste en el levantamiento de pesas. En las competencias gana el atleta que levanta la carga más pesada.

Los orígenes

Desde la Antigüedad, el hombre no ha dejado de mejorar su fuerza. En 1741, David Topham levantó tres barriles con un total de 918 kilos. Tales demostraciones de fuerza en la plaza pública dieron paso, a partir de los primeros Juegos Olímpicos en 1896, a un verdadero deporte: la halterofilia.

Modalidades

Las dos modalidades de la halterofilia son arranque y envión. Hacen trabajar al mismo tiempo todos los músculos del deportista. Para lograrlo, es necesaria una técnica excelente, pero también agilidad y rapidez. Asimismo, es indispensable tener buenos reflejos, coordinación, fuerza y concentración.

Arbitraje y competencia

Durante la competencia, el atleta tiene derecho a tres intentos para cada peso. Desde el momento en que lo llaman, se le concede un minuto y medio para ponerse polvo de magnesia en las manos, que impide que se resbalen, y levantar la barra hasta la altura de las rodillas. Tres jueces observan. Si el movimiento es válido, se enciende un foco blanco; si no es válido, un foco rojo. Antes de dejar caer la pesa, delante de sí, debe esperar la orden del árbitro y, sobre todo, acompañarla hasta el suelo.

Categorías

Los levantadores de pesas se agrupan en diferentes categorías según su peso. Existen diez categorías entre los hombres. La primera comprende a atletas cuyo peso es inferior a 54 kilogramos; la décima, a aquellos con peso superior a los 108. Las mujeres compiten en ocho categorías; la primera agrupa a las de menos de 46 kilogramos y la última, a las de más de 83.

ARRANQUE

El atleta acomoda la palma de las manos sobre la barra, situada delante de sus piernas.

Levanta la carga de un tirón. Con los brazos rectos, la impulsa por arriba de la cabeza.

Sostiene la carga en posición final, con los pies sobre la misma línea, hasta recibir la señal del árbitro.

DEPORTES INDIVIDUALES

Entrenamiento

Para competir, un atleta bien dotado debe entrenar una hora y media, tres veces por semana. Durante estas sesiones, trabaja tanto en su musculatura como en su técnica. Una vez que alcanza buen nivel nacional, si desea progresar más, deberá entrenar cinco horas diarias. Para soportar ese ritmo de trabajo, requiere consumir un total de 5 mil calorías en el curso de sus tres comidas del día.

En 1988, durante los Juegos Olímpicos de Seúl, Suleimanoglu, que pesaba 60 kg, logró levantar 190 kg en envión, lo cual representa tres veces el peso de su cuerpo. Hasta la fecha, es el récord más impresionante.

El levantador de pesas usa un traje de una pieza.

El cinturón da sostén a los músculos de la espalda.

Ciertos atletas utilizan vendas para protegerse las rodillas y las muñecas.

El material

La pesa está compuesta por una barra de 2.20 m de largo y 25 kg de peso, sobre la cual se colocan discos hechos con una mezcla de caucho, hierro forjado y acero. Los discos son de diferentes colores según su peso. La carga aumenta a intervalos de 2.5 kg.

El disco azul pesa 20 kg, el verde 50, el rojo 25 y el amarillo 15.

Envión

En un primer tiempo, el atleta levanta la barra hasta los hombros.

En seguida, la impulsa por encima de la cabeza.

Después de lograr la inmovilidad total, con los pies alineados, el juez da la señal de soltar.

HISTORIA DEL CICLISMO

La Draisiana, 1818
El velocípedo o "draisiana", llamado así en honor de su inventor, Drais de Sauerbronn, constaba de dos ruedas unidas por un caballete con un asiento encima. El usuario se sentaba e impulsaba el artefacto con los pies contra el suelo. Sin embargo, las pruebas del aparato no fueron muy convincentes.

Aparición de los pedales, 1861
En 1861, el francés Michaux adaptó pedales a la rueda delantera de una draisiana. Como cada vuelta de los pedales implicaba una vuelta de la rueda delantera, se pensó en aumentar el diámetro de esta rueda para dar mayor velocidad al velocípedo. Así nació la "gran bi".

Las primeras competencias
Desde sus inicios, la bicicleta conquistó a numerosas personalidades. Tuvo tal éxito que la gente adquiría de inmediato los cientos de unidades que salían de las fábricas día a día. Se organizaron carreras en Saint Cloud, Hyères, Angers, Burdeos. En 1869, Richard Lesclide creó la carrera París-Rouen para promocionar su periódico *El velocípedo ilustrado*. Logró un éxito inmediato. James Moore fue el primer ganador de esta carrera.

James Moore recorrió los 123 km a más de 12 km/h.

La bicicleta pesaba más de 20kg.

A partir de 1888, las carreras Burdeos-París y París-Brest-París, creadas por periódicos, demostraron la eficacia de los neumáticos.

CICLISMO

GRAN BI, 1875
La rueda delantera de la "gran bi" era casi tan alta como un hombre. El ciclista iba encaramado sobre esa enorme rueda. El aparato no tenía freno por el gran riesgo de bascular hacia adelante. Este artefacto, demasiado inestable y muy peligroso, fue abandonado rápidamente.

PRIMERA BICICLETA, 1886
En 1886, el inglés Starley logró la máquina ideal: la bicicleta. Las ruedas eran iguales, con tracción en la rueda trasera, conectada con los pedales mediante una cadena. En 1888 se agregaron a las ruedas neumáticos, recién inventados por Dunlop. Gracias a estos últimos, se volvió más fácil pedalear y la suspensión del artefacto mejoró notablemente.

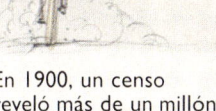

En 1900, un censo reveló más de un millón de ciclistas en Francia.

LA FAMA
Con la invención de la bicicleta, se multiplicaron las competencias, tanto en carretera como en pista. Las proezas de los primeros profesionales atraían a millares de espectadores. La creación de la Vuelta a Francia, en 1903, y la organización de los primeros campeonatos del mundo en carretera (1893) y en pista (1921) dieron todavía más difusión a este nuevo medio de locomoción.

COMPETENCIAS MODERNAS
En nuestros días, la bicicleta se ha convertido en un artefacto muy confiable que permite ir a la máxima velocidad posible tan sólo con la fuerza de los músculos. Las competencias de ciclismo incluyen ahora carreras de un día, reservadas para los corredores más rápidos, carreras en etapas, reservadas para los ciclistas más completos, y competencias contra reloj, para los más vigorosos.

Ciclismo de carretera

Carrera de un día

La carrera de un día, del orden de 200 a 300 kilómetros, por lo general enlaza dos ciudades por una carretera asfaltada. Las competencias que tienen mucho tiempo de existir se denominan "clásicos". Los participantes de la carrera de un día arrancan todos juntos; gana el que llega primero. Este tipo de carrera resulta especialmente favorable para los *sprinters*.

Carreras contra reloj

En las carreras contra reloj individuales, cada corredor arranca solo e intenta recorrer la distancia establecida a la mayor velocidad posible. La victoria general recae en el ciclista más vigoroso y que sepa dosificar mejor su esfuerzo. En las carreras contra reloj por equipos, cada equipo arranca solo y los miembros toman la delantera por turnos.

Carreras por etapas

Las carreras por etapas, como la Vuelta a Francia o la Vuelta a Italia, duran varios días. En el recorrido se alternan etapas en plano con tramos en montaña y etapas contra reloj; los corredores más completos y constantes tienen mayores posibilidades de éxito.

CICLISMO

EQUIPO

Los competidores utilizan bicicletas con frenos y cambios de velocidades, construidas con materiales que permiten ligereza sin sacrificar solidez. El ciclista, que a menudo usa casco, viste un pantalón corto elástico con fondillos reforzados. Unos zapatos especiales le permiten ejercer mejor acción sobre los pedales. La camiseta, de fibra sintética, tiene los colores del club, del patrocinador o del país.

ESTRATEGIAS

Aunque parezca lo contrario, el ciclismo es cada vez más un deporte de conjunto. Se organizan equipos alrededor de un líder capaz de ganar las pruebas. El director deportivo define la estrategia de su equipo. El capitán de ruta, corredor experimentado y sagaz, se encarga de que los miembros del equipo sigan la estrategia durante la competencia. Si logran la victoria, las ganancias se reparten entre todos los corredores del equipo.

El pelotón, compuesto por corredores de diversos equipos, establece el ritmo de la carrera.

Los miembros de cada equipo rodean a su líder y, si hace viento, deben ponerse delante de él para escudarlo.

El líder ahorra energía y se prepara para escapar del pelotón.

Si ocurre un pinchazo, los miembros del equipo le dan su rueda al líder. Si éste cae, ellos se encargan de acompañarlo hasta el pelotón.

BICI-CROSS

El *bici-cross* se practica en invierno en un terreno accidentado. En las competencias, los ciclistas deben recorrer cierto número de veces un trayecto de aproximadamente 2 kilómetros. Pedaleando o corriendo a pie, con la bicicleta al hombro, practican durante una hora o dos un deporte que constituye a la vez un espectáculo interesante.

La Vuelta a Francia

Orígenes de la Vuelta a Francia

En 1903, Desgrange y Lefèvre crearon la Vuelta a Francia para promover su diario *El Auto*, consagrado a las actualidades deportivas. Esa primera Vuelta a Francia, disputada entre 60 corredores, abarcó 2 500 kilómetros, en seis etapas. El vencedor, Maurice Garin, un ex deshollinador, corrió a una velocidad promedio de 25 km/h. La Vuelta a Francia, transmitida por radio y después, a partir de los años cincuenta, por televisión, se volvió muy popular. Se crearon otras pruebas inspiradas en ella (la Vuelta a Bélgica, en 1908, la Vuelta a Italia, en 1909 y la Vuelta a Francia para damas, en 1984).

Resonancia mundial

Actualmente, la competencia dura 22 días. Para presenciar las proezas que realizan a lo largo de 3 800 kilómetros los 180 corredores, agrupados en 20 equipos, se reúnen por el camino cuando menos 15 millones de espectadores, y más de mil millones las siguen por televisión. En términos de audiencia televisiva, se ha convertido en la tercera competencia deportiva del mundo, después de los Juegos Olímpicos y la Copa Mundial de fútbol.

Suéter amarillo vencedor de la Vuelta a Francia

Suéter verde mejor *sprinter*

Suéter con puntos rojos mejor en la montaña

El espectador

Apostado desde la víspera en un sitio clave del recorrido, donde podrá vislumbrar durante unos 30 segundos al pelotón o a su favorito, el espectador tiene la lista de colores de las camisetas en una mano y el radio portátil en la otra, pegado al oído. Debe estar muy atento para no perderse nada del espectáculo: el acercamiento, el paso y la huida, que intentará seguir con la vista el mayor tiempo posible.

CICLISMO

Los grandes de la Vuelta a Francia

Los franceses Anquetil e Hinault y el belga Merckx ganaron cinco veces cada uno la Vuelta a Francia: todo un récord. Aunque los tres derrochaban orgullo y voluntad, Anquetil e Hinault triunfaron valiéndose de las pruebas contra reloj, en tanto que Merckx, rebosante de brío, atacaba en cada etapa y se ganó el mote de el "Caníbal".

Jacques Anquetil
(1957, 1961, 1962, 1963, 1964)

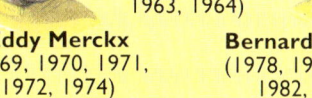

Eddy Merckx   **Bernard Hinault**
(1969, 1970, 1971,   (1978, 1979, 1981,
1972, 1974)   1982, 1985)

Los riesgos del dopaje

El ciclismo es un deporte tan arduo que los competidores, en su afán de rendir más, pueden caer en la tentación del dopaje. Para poder entrenar más y superar sus propios límites, ciertos corredores emplean sustancias peligrosas, como anfetaminas o anabólicos. Desde 1966, los organizadores de la Vuelta a Francia luchan contra el dopaje. Los ciclistas que se dopan son sujetos de multas y suspensiones temporales. Si reinciden, pueden ser suspendidos de por vida.

El corredor

El corredor se levanta tres o cuatro horas antes de arrancar la etapa, a fin de digerir una copiosa comida. Después de arrancar, su jornada incluirá sol, lluvia, viento, caídas, desmayos y reabastecimientos. A su llegada, quizá responda a las preguntas de los periodistas o participe en la ceremonia protocolaria de los suéteres.

Cada vez mejor

Hoy en día, las carreteras son mejores, las bicicletas pesan menos de 10 kg y los ciclistas tienen una excelente preparación. Por todo ello, la velocidad promedio en la Vuelta ha mejorado. En 1992, Miguel Induráin ganó su segunda Vuelta a Francia con una velocidad promedio de 39.504 km/h.

Ciclismo de pista

Las competencias

El ciclismo de pista se disputa, de día o de noche, en un velódromo cubierto o al aire libre. Las competencias, de damas o de varones, incluyen esencialmente pruebas de velocidad *(sprint)* y de persecución, además de carreras como el *keirin* o la de seis días. Hay jueces que vigilan el cumplimiento de las normas, y cronometradores que se encargan de los récords.

Las pistas alemanas, más pequeñas que en otros países, acercan a los corredores hacia el público, lo que vuelve más atractivo el espectáculo.

Un timbre anuncia la última vuelta a la pista.

La prueba de seis días

En sus inicios, la prueba de seis días era individual. Cada corredor debía recorrer el mayor número de vueltas a la pista durante las 144 horas que se le concedían (24 horas x 6 días). Desde 1899, la prueba de seis días se corre por equipos. Cada equipo consta de dos competidores que se turnan para correr y descansar. En Alemania, este tipo de carreras sigue muy en boga.

El *keirin*

El *keirin*, originario de Japón, se inspiró en las carreras de galgos. Esta carrera cubre 2 000 metros. Durante los primeros 1 500, los nueve corredores son arrastrados por un ciclomotor. Este desaparece entonces para dejar que los corredores disputen solos los últimos 500 metros. Gracias al ciclomotor, las carreras de *keirin* son mucho más rápidas y espectaculares que las carreras clásicas. Hoy en día se organizan carreras de *keirin* en todo el mundo.

CICLISMO

La bicicleta tiene una forma aerodinámica.

La rueda posterior de la bicicleta es sólida.

PERSECUCIÓN
Esta prueba comprende una distancia de 3 km para dama, de 4 km para varones amateurs y de 5 km para varones profesionales. En la persecución individual, los dos adversarios arrancan en puntos diametralmente opuestos de la pista e intentan alcanzarse. Si no lo logran, la victoria se decide por tiempo. La persecución por equipo, organizada para varones amateurs, se disputa entre dos equipos de cuatro corredores. Cada competidor toma la delantera por turno. Se permite un solo retiro por equipo.

EL KILÓMETRO CONTRA RELOJ
Cada ciclista se lanza a la pista para recorrer un kilómetro en el menor tiempo posible. El vencedor de la prueba es el que logra el tiempo más corto. Todo el equipo de la carrera contra reloj está concebido para limitar al máximo la resistencia al aire, aún más que en las otras especialidades.

SPRINT
Se disputa por lo general entre dos o tres corredores, en una distancia de 1 000 metros. El objetivo es ganar las dos eliminatorias o, cuando es necesario, el desempate. La velocidad importa tanto como la estrategia. El corredor a veces prefiere ceder el paso a su adversario, para sorprenderlo mejor desde atrás. Como la pista tiene gran inclinación en las curvas, los corredores pueden alcanzar los 70 km/h.

La bicicleta de pista, muy ligera, tiene la peculiaridad de no contar con freno ni cambio de velocidades.

Ciclismo de montaña

Un fenómeno social

La bicicleta de montaña vino a revolucionar el mundo del ciclismo. Inventada en California por Kelly y Fisher, a mediados de los años 70, permite practicar el ciclismo entre bosques o en terrenos casi inaccesibles. Se ha convertido en un éxito social. En Francia, cada fin de semana, dos millones de personas practican el ciclismo de montaña.

Trial

El *trial* es una disciplina que se practica en un circuito con obstáculos. Durante la competencia, poner el pie en tierra se penaliza.

El aparato pesaba 20 kg en sus inicios; ahora, sólo pesa 11 kg.

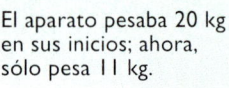

Los neumáticos son gruesos y a la vez pesan poco.

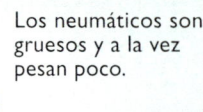

El cuadro está reforzado pero es muy ligero.

Tiene frenos muy potentes.

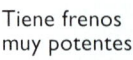

La suspensión es suave y cómoda.

Ciertos adeptos al ciclismo de montaña realizan auténticas expediciones. Los americanos Crane escalaron en bicicleta los 5 900 metros del Kilimanjaro, la montaña más alta de África.

CICLISMO

DESCENSO
El descenso es una prueba de velocidad que se efectúa en laderas de montañas. Los competidores deben usar un casco y protecciones resistentes. En el recorrido, de 6 a 8 km, los profesionales han llegado a adquirir velocidades promedio de 70 km/h.

CICLISMO A CAMPO TRAVIESA
El ciclismo a campo traviesa es una prueba de resistencia. Se efectúa en un circuito de 35 a 58 km. Los competidores pueden franquear ciertas zonas difíciles con la bicicleta a cuestas.

BICROSS
La prueba de *bicross* incluye una carrera sobre un circuito artificial, sembrado con numerosos obstáculos, y un ejercicio individual de estilo, donde los competidores deben combinar figuras en el piso y en el aire. Durante la carrera, pueden poner un pie en tierra. Es indispensable usar casco y protecciones resistentes.

La bicicleta de *bicross* usa ruedas pequeñas y no tiene cambios de velocidad.

HISTORIA DE LA NATACIÓN

LOS BAÑOS EN LA ANTIGÜEDAD

Según los hombres de la Antigüedad, los baños tenían cualidades sagradas y benéficas. Tres mil años antes de Cristo, los egipcios ya nadaban en el Nilo. En Grecia eran frecuentes las carreras en el agua. Los soldados del Imperio Romano se entrenaban para atravesar ríos con su equipo a la espalda. Las ricas villas romanas tenían piscinas.

PRIMERAS HAZAÑAS

El agua no es el elemento natural del hombre y le resulta hostil. Por tal razón, las hazañas en el agua tienen mayor relevancia. En 1808, Jean Salati, soldado de Napoleón preso en Inglaterra, escapó a nado a través del Canal de la Mancha, una distancia de casi 70 kilómetros. El poeta inglés Lord Byron se distinguió, en 1810, por atravesar el Estrecho de los Dardanelos en 70 minutos. La primera gran proeza moderna fue realizada el 26 de agosto de 1875 por el capitán inglés Matthew Webb, quien atravesó el Canal de la Mancha a nado en 22 horas.
En 1883, Webb murió al tratar de cruzar a nado las cataratas del Niágara.

JAPÓN SE ADELANTA A EUROPA

A fines del siglo XVI, Japón ya contaba con una organización nacional de natación. El emperador ordenó que se enseñara la natación en las escuelas, y se incluyeron cursos dentro del programa escolar. En Europa, Inglaterra edificó la primera piscina en Liverpool, en 1828. En 1836 se fundó la *National Swimming Association*. Las primeras competencias oficiales tuvieron lugar en Australia en 1846.

Los Baños Deligny se construyeron en el Sena, en pleno corazón de París, en 1853.

Durante mucho tiempo, se enseñó la natación sosteniendo al nadador por el cuerpo.

DEPORTES ACUÁTICOS

En Francia, los baños de las playas normandas cobraron gran auge a partir de 1850.

Más adelante, se consideró suficiente sostener la cabeza del nadador fuera del agua con ayuda de una pértiga.

RECONOCIMIENTO OLÍMPICO

La natación obtuvo reconocimiento internacional en 1896, en los Juegos de Atenas. Los primeros campeonatos de Francia tuvieron lugar en 1899 en París, en la piscina Deligny, la única que todavía existe en el Sena. La Federación Internacional se fundó en 1908. Las competencias femeninas se aceptaron en las Olimpiadas desde 1912. Las competencias modernas incluyen pruebas en cuatro estilos de nado: pecho, estilo libre o crol, mariposa y dorso.

PROGRAMA OLÍMPICO

En nado libre, o crol, incluye cinco competencias: 50, 100, 200, 400 y 1 500 metros. Para las damas, los 1 500 metros se sustituyen por 800 metros. Los estilos de pecho, mariposa y dorso incluyen sólo dos competencias cada uno: 100 y 200 metros. Hay otras dos competencias, 200 y 400 metros combinados, en que los competidores nadan sucesivamente los cuatro estilos, a saber, mariposa, dorso, pecho y estilo libre, en ese orden. También hay tres relevos, con cuatro nadadores por equipo: 4 x 100, 4 x 200 y 4 x 100 combinados: dorso, pecho, mariposa y estilo libre, en ese orden.

Estilos de nado

La piscina

La piscina tiene 21 metros de ancho y 25 o 50 de largo, según la importancia de la competencia. Está dividida en 8 carriles, señalados por líneas oscuras pintadas en el fondo y separados en la superficie por hileras de flotadores. Tiene 1.80 m de profundidad. El agua, dulce o salada, se mantiene a una temperatura de 24°C.

Relevos, nado libre

Estilo libre

A fines del siglo XIX, el inglés Cavill introduce un estilo revolucionario de nadar, el *crawl* o crol, inspirado en la forma de nadar de los polinesios. Este estilo, adoptado mundialmente, exige agilidad y potencia. Los brazos se alternan para salir del agua y las piernas patalean de modo continuo.

El nadador, autorizado para tocar la placa electrónica con cualquier parte del cuerpo, realiza una vuelta de campana dentro del agua y se impulsa enérgicamente con los pies.

Estilo de pecho

El cuerpo se extiende con los hombros paralelos a la superficie. Se ejecutan movimientos simultáneos de brazos y piernas en el mismo plano horizontal. Al dar vuelta, el nadador debe tocar la placa electrónica con ambas manos. Este estilo quizá parezca fácil de aprender, pero en competencia es una especialidad muy técnica. Se requiere buena coordinación entre los brazos, que tiran, y las piernas, que impulsan.

DEPORTES ACUÁTICOS

Bajo la superficie del agua se colocan placas electrónicas de contacto de color vivo con el número del carril, del 1 al 8. Al término de la carrera, el nadador detiene el cronómetro al tocar la placa. Para el dorso, se tiende una cuerda con banderolas a 5 metros de cada extremo de la piscina, para que el nadador la vea y prepare su vuelta de campana.

El nadador se sitúa sobre un bloque de salida antiderrapante elevado. Debe estar inmóvil al momento de salir. Dos salidas en falso son motivo de descalificación. En los relevos, el nadador no puede saltar del bloque de salida sino hasta que su compañero haya tocado la placa electrónica.

Estilo de mariposa

El cuerpo va extendido con los hombros paralelos a la superficie del agua. Se arrojan ambos brazos al frente por encima del agua y después se llevan hacia atrás. Las piernas realizan una patada simultánea llamada "de delfín", porque semeja el movimiento de la cola de este animal. Al dar vuelta, el nadador debe tocar la placa electrónica con ambas manos. Exige mucha energía y gran potencia de brazos y hombros para elevar el cuerpo por encima del agua.

Estilo de dorso

Es un crol ejecutado de espaldas. La salida se hace dentro del agua. El nadador se sujeta de dos agarradores y se impulsa con las piernas. Al dar la vuelta, puede tocar la placa electrónica con una sola mano.

El nadador, sin restricciones respiratorias, debe tener gran flexibilidad en los hombros para atacar el agua muy atrás sobre el eje del cuerpo.

Los nadadores

Las ventajas de la juventud

En la natación, la juventud representa una ventaja. Los adolescentes, más ligeros, tienen mejor flotabilidad y mayor agilidad que los adultos, cualidades útiles para nadar. En 1957, dos australianos, John e Ilsa Konrads, de 15 y 13 años, rompieron 18 récords mundiales.

Vencer el miedo

Al iniciarse en la natación, el primer objetivo es vencer el miedo al agua. Es fácil habituarse a ella y moverse con soltura, ya que el cuerpo flota sin dificultad. La experiencia reciente con bebés muestra que el agua puede ser un elemento natural si se le enfrenta sin temor. Por ello, es importante aprender a nadar desde los tres o cuatro años.

Desde esa fecha, ha habido numerosos campeones jóvenes. Sin embargo, en cuanto terminaban sus estudios, ya no tenían posibilidades de entrenar y dejaban las competencias. En la actualidad, con el apoyo económico de patrocinadores, los atletas tienen carreras más largas.

El ejemplo de Spitz

En el agua, el esfuerzo cardiaco es menor que en tierra. Como el corazón se fatiga menos que en otros deportes, en la natación es posible repetir pruebas con lapsos de recuperación cortos. Así, en los Juegos Olímpicos de 1972, Mark Spitz consiguió siete medallas de oro entre 14 competencias realizadas en cuatro días. La natación es un medio excelente de rehabilitación. Algunos nadadores han destacado aun después de haber sufrido poliomielitis en la infancia.

En los Juegos de Munich, el estadounidense Mark Spitz ganó los 100 y 200 metros de estilo libre, los 100 y 200 metros de mariposa y, con sus compañeros de equipo, los 3 relevos.

La revolución australiana

Hace mucho tiempo, se creía que se debía entrenar poco, para acumular fuerzas. Sin embargo, en los Juegos de París en 1924 los franceses, que entrenaban 500 metros suavemente dos veces por semana, descubrieron que los australianos nadaban de 3 a 4 kilómetros diarios. Los australianos, pioneros en este campo, causaron sensación otra vez en los Juegos de Melbourne, en 1956, al ganar casi todas las medallas de oro.

Los australianos alargaron las distancias de entrenamiento, y nadaban de 8 a 10 kilómetros en dos o tres sesiones diarias. Además, realizaban una preparación atlética fuera del agua, con aparatos y pesas. Este método sigue en boga y ha aumentado la potencia de los nadadores, sobre todo los *sprinters*.

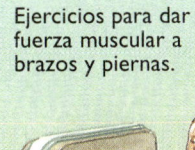

Flexiones con carga para tonificar muslos y pantorrillas.

Ejercicios para dar fuerza muscular a brazos y piernas.

Trabajo con brazos y hombros.

Ejercicio con los brazos abiertos, para dar fuerza a brazos y hombros.

El crol de Tarzán

El crol moderno fue popularizado por Johnny Weissmuller, nadador estadounidense que personificó en cine al legendario Tarzán. Fue el primero en nadar 100 metros en menos de 1 minuto y 400 metros en menos de 5 minutos, cinco veces campeón olímpico en 1924 y 1928, y su estilo aún se considera el modelo. Weissmuller realizaba un crol en seis tiempos, con tres patadas por cada brazada. Además, demostró que es posible respirar sin bascular el cuerpo. Sencillamente, giraba la cabeza para aspirar hacia un lado, al tiempo que el brazo salía del agua.

Clavados, nado sincronizado y polo acuático

Clavados

La primera competencia tuvo lugar en los Juegos Olímpicos de 1904, en Saint Louis. Más que un deporte acuático, los clavados son un ejercicio gimnástico. El clavadista se impulsa desde un trampolín o una plataforma elevada y ejecuta figuras obligatorias o libres. Un jurado de cinco o siete jueces califica cada clavado de 0 a 10. Se elimina la nota más alta y la más baja y se promedian las demás. Después, se multiplica esta cifra por un coeficiente de dificultad que va de 1.6 a 2.9.

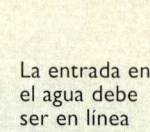

La entrada en el agua debe ser en línea recta.

Técnica y elegancia

La elegancia de los movimientos es fundamental en estas pruebas, donde se califica la dificultad pero también la belleza del clavado. Los clavadistas realizan todos los días varias horas de entrenamiento técnico para corregir hasta el menor detalle. Los estadounidenses dominaron mucho tiempo en esta disciplina, pero ahora los chinos empiezan a desplazarlos.

Plataforma

El clavadista se impulsa desde una plataforma rígida, de 6 m de largo y 2 m de ancho, situada a 10 m de altura. Esta especialidad es muy acrobática gracias a la altura de la plataforma, que permite al clavadista ligar múltiples figuras.

Trampolín

El atleta salta desde una tabla flexible, de 4 a 5 metros de largo y 50 cm de ancho, situada a 3 metros de la superficie del agua. Toma impulso para elevarse lo más posible y así dar la máxima amplitud a sus figuras.

Las figuras se clasifican de acuerdo con su dificultad técnica o artística.

Hay alrededor de cien figuras.

Clavado atrás en posición A

DEPORTES ACUÁTICOS

Nado sincronizado

En los años cuarenta, el cine estadounidense popularizó los ballets acuáticos, con la campeona de natación Esther Williams. El nado sincronizado como disciplina deportiva fue propuesto por Monique Berlioux, campeona francesa de dorso de 1941 a 1952. Al convertirse en miembro del Comité Olímpico Internacional, logró que el nado sincronizado se admitiera en los Juegos Olímpicos desde 1984.

Competencias
Se compite en forma individual, por parejas o por equipos (de 4 a 8 nadadoras).

Fuera y dentro del agua
Las competidoras realizan figuras fuera y dentro del agua, mostrando alternadamente las piernas y el torso. Es un auténtico ballet acuático acompañado de música. Siete jueces califican la competencia.

Polo acuático

Este deporte nació en Inglaterra en 1870, con el nombre de *handball acuático*. En una piscina, dos equipos de siete jugadores intentan anotar goles con un balón. Cada equipo tiene seis suplentes. El partido se juega en cuatro periodos de 5 minutos, con dos minutos de reposo entre uno y otro.

Nadadores potentes
Cada equipo tiene 35 segundos para intentar un tiro a gol; de lo contrario, debe entregar el balón a sus oponentes. Los pases se hacen con la mano abierta. Está prohibido golpear el balón con el puño, sujetarlo con las dos manos, sumergirlo bajo el agua e impulsarse en el fondo de la piscina para alcanzarlo. Estas faltas se castigan con un tiro libre. Las faltas graves se sancionan con un *penalty* tirado a 4 metros de la portería. Los jugadores deben ser nadadores potentes para tirar al tiempo que se elevan lo más posible sobre el agua.

Los porteros usan gorra roja.

Historia del veleo

Desde hace miles de años, los navegantes han realizado proezas en todos los mares del mundo. Los primeros clubes náuticos se fundaron en el siglo XVIII. El deporte de la vela ingresó en los Juegos Olímpicos de París en 1900.

Grandes descubrimientos

La navegación con vela se emplea desde hace miles de años como medio de transporte y de descubrimiento. Hace más de mil años los vikingos, extraordinarios navegantes, salieron de Escandinavia en botes llamados *drakkars* y descubrieron Groenlandia y el norte de América.

Un *drakkar*

En el siglo XIV, los maorís salieron de Polinesia en piraguas de balancín, cruzaron el Pacífico del Sur y se establecieron en Nueva Zelanda. Estas expediciones preludiaron los grandes descubrimientos de los navegantes del siglo XV como Vasco de Gama, Cristóbal Colón y Fernando de Magallanes, que recorrieron distancias colosales en barcos de poco tonelaje llamados *carabelas*.

El *jacht* holandés

La navegación deportiva nació en el siglo XVII en los Países Bajos. Al abrigo de los piratas que rondaban los mares, los holandeses, en sus numerosas vías acuáticas interiores, realizaban carreras en veleros livianos llamados yates. La palabra "yate" proviene del holandés *jacht*, que significa "perseguir" o "cazar". En 1660, los Países Bajos obsequiaron un yate al rey Carlos II de Inglaterra. Los constructores ingleses hicieron una copia para su hermano, el Duque de York. En 1661, Carlos II organizó con su hermano la primera regata de la historia, en el estuario del Támesis. El duque ganó a la ida y el rey al regreso. Se declaró un empate.

La piragua de balancín de los polinesios fue antecesora de los actuales catamaranes.

DEPORTES ACUÁTICOS

EMBLEMAS DE LOS CLUBES NÁUTICOS MÁS ANTIGUOS

Royal Cork Fundado en 1720 en Irlanda

Nueva York Fundado en 1844 en Estados Unidos

De Maas Fundado en 1851 en Holanda

PRIMEROS CLUBES BRITÁNICOS

Gran Bretaña, que dominó los mares, concedía a la marina un sitio preponderante. El primer club náutico se fundó en Cork, Irlanda, en 1720. En 1815 se creó el Club de Yates en Cowes, en la isla de Wight al sur de Inglaterra, para organizar competencias en el mar. El príncipe de Gales, el futuro rey Jorge IV, lo bautizó como Royal Yacht Squadron. En 1851, para lograr mayor renombre, el club invitó a los estadounidenses a una carrera organizada con motivo de la Exposición Universal de Londres. Esta competencia se convirtió más adelante en la Copa América.

Los estadounidenses aceptaron la invitación inglesa y construyeron especialmente una goleta, la *América*, que ganó la carrera.

La jarra de plata entregada a los vencedores se convirtió en la Copa América.

COMPETENCIAS ACTUALES

Hoy en día, muchos tipos de embarcaciones participan en muy diversas pruebas, individuales o por equipos. Se distinguen cuatro categorías de carreras: trasatlánticas, vuelta al mundo, carreras en alta mar de botes monocasco habitables y regatas costeras. En estas últimas se enfrentan botes idénticos, de uno o varios cascos. Dentro de esta categoría se encuentran las series que se incluyen en los Juegos Olímpicos.

Carreras trasatlánticas

Los dos regímenes del viento

Las carreras trasatlánticas tienen una característica doble. En la ruta del Norte, el viento sopla de América hacia Europa. Así pues, en las carreras organizadas de oeste a este, los navegantes aprovechan vientos muy intensos. En esta dirección se establecen los récords de velocidad, medidos entre Nueva York y la punta Lizard, en el extremo suroccidental de Inglaterra. En las carreras organizadas de este a oeste, o sea de Europa hacia América, los navegantes enfrentan vientos contrarios y tardan más.

Proezas y récords

El primer cruce del Atlántico se realizó en 1866. El estadounidense Buckley y el australiano Primoraz hicieron 84 días de Cork (Irlanda) a Boston (Estados Unidos). Diez años después, el estadounidense Alfred Johnson logró la primera travesía solitaria, de oeste a este, en 64 días. Hoy en día, con botes modernos y mucho más grandes, el desempeño es muy superior. Se reconocen dos récords: el de travesía en equipo, que pertenece a Serge Madec y compañeros, de 6 días, 13 horas y 3 minutos, y el de travesía individual, establecido por Bruno Peyron, de 9 días, 19 horas y 22 minutos.

Papel de los patrocinadores

La construcción de barcos requiere de alta tecnología y, por ende, es muy costosa. Es posible afrontar los gastos gracias a patrocinadores que, desde 1984, pueden poner su nombre a las embarcaciones que financian. La mayor parte de los multicascos gigantes se fabrican en Francia, lo cual explica el dominio de los capitanes franceses.

Florence Arthaud, de 33 años, fue la primera mujer en ganar la Ruta del Ron en forma individual en 1990, en el trimarán Pedro I.

Dominio de los multicascos

Durante mucho tiempo, en las carreras trasatlánticas sólo se emplearon monocascos (naves con un solo casco). Los recientes avances técnicos han dado mayor resistencia a los multicascos (barcos con varios cascos). Por ello, ahora participan catamaranes (de dos cascos) y trimaranes (de tres cascos) en carreras trasatlánticas, en las que han demostrado su supremacía.

La Ruta del Ron

La primera carrera entre Saint-Malo y Pointe-à-Pitre se organizó en 1978. Se le llamó "la Ruta del Ron" en recuerdo de las naves que transportaban ron de las Antillas a Francia. Esta prueba fue histórica, ya que se impuso por primera vez la velocidad de los multicascos.

DEPORTES ACUÁTICOS

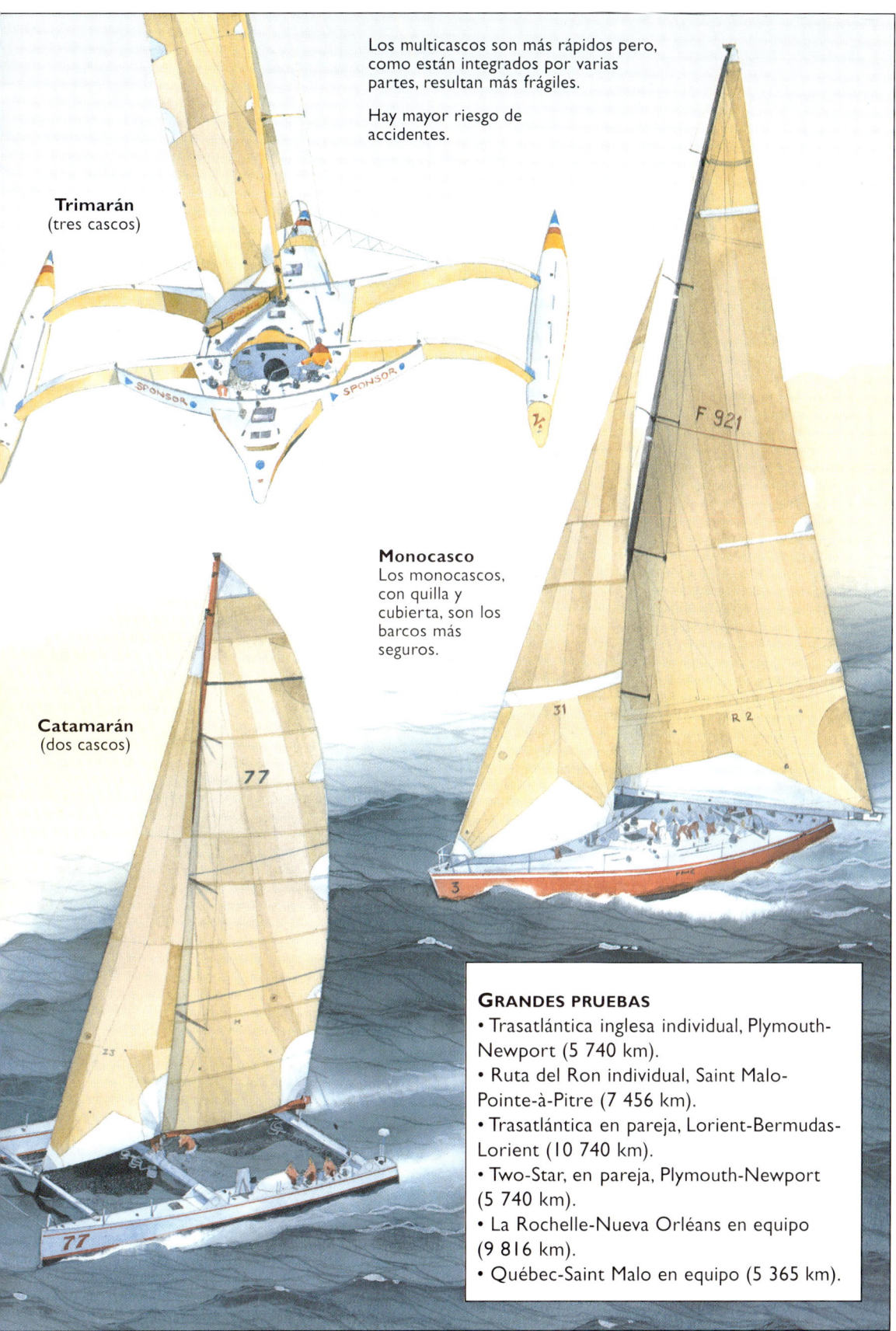

Los multicascos son más rápidos pero, como están integrados por varias partes, resultan más frágiles.

Hay mayor riesgo de accidentes.

Trimarán
(tres cascos)

Monocasco
Los monocascos, con quilla y cubierta, son los barcos más seguros.

Catamarán
(dos cascos)

GRANDES PRUEBAS
- Trasatlántica inglesa individual, Plymouth-Newport (5 740 km).
- Ruta del Ron individual, Saint Malo-Pointe-à-Pitre (7 456 km).
- Trasatlántica en pareja, Lorient-Bermudas-Lorient (10 740 km).
- Two-Star, en pareja, Plymouth-Newport (5 740 km).
- La Rochelle-Nueva Orléans en equipo (9 816 km).
- Québec-Saint Malo en equipo (5 365 km).

Vueltas al mundo en velero

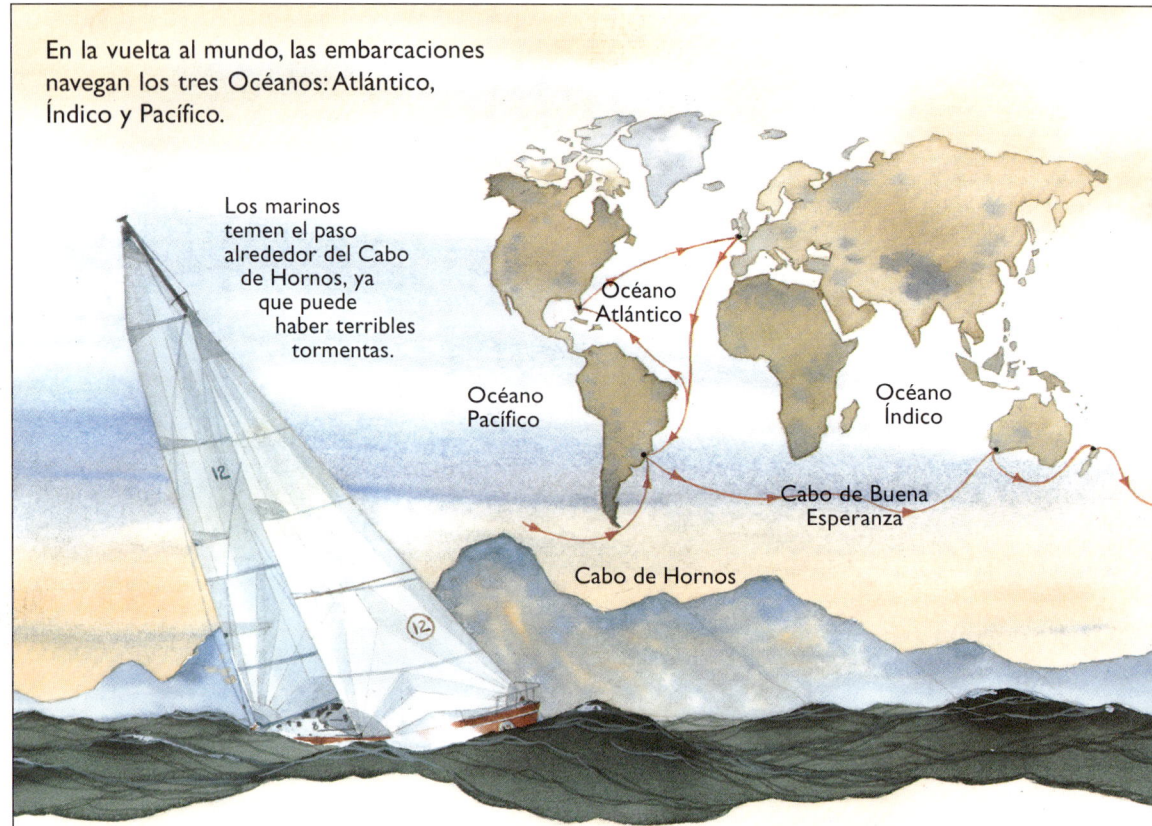

En la vuelta al mundo, las embarcaciones navegan los tres Océanos: Atlántico, Índico y Pacífico.

Los marinos temen el paso alrededor del Cabo de Hornos, ya que puede haber terribles tormentas.

Océano Atlántico
Océano Pacífico
Océano Índico
Cabo de Buena Esperanza
Cabo de Hornos

De la aventura a la carrera

En 1898, el estadounidense Joshua Slocum realizó la primera vuelta al mundo individual. A bordo de un bote de 10.10 metros, recorrió 82 000 kilómetros en cuatro años. Pero fue hasta 1969 cuando el británico Knox-Johnson logró la primera vuelta al mundo sin escalas. Realizó esta hazaña notable en 313 días, en un bote de 9.90 m. En 1982, el australiano John Sanders causó sensación al sumar dos vueltas al mundo continuas sin escalas. Entre 1986 y 1988, dio tres vueltas al mundo de un tirón sin escalas. En 1993, Bruno Peyron y su equipo dieron la vuelta al mundo en un monocasco, en 79 días, 6 horas y 15 minutos. Hasta la fecha, se ha logrado la vuelta al mundo 450 veces en velero; de ellas, 155 fueron individuos solos. La vuelta al mundo es casi una carrera clásica.

Competencias alrededor del mundo

Se realizan con o sin escalas, en equipo o individuales. En el Hemisferio Sur, los navegantes atraviesan la mayor superficie de agua del planeta, sin tierra que obstruya el viento. Por ello, en esta región los vientos son más intensos. En este tipo de carreras, los navegantes a menudo se encuentran fuera de las rutas comerciales, y los riesgos en caso de accidentes son aún mayores.

Tres pruebas

En la actualidad se organizan tres carreras alrededor del mundo. Dos de ellas tienen escalas: la Whitbread, por equipos, que sale de Portsmouth, y el BOC Challenge, individual, que sale de Newport. La carrera Vendée Globe, individual, sale de Sables-d'Olonne y no tiene escalas.

DEPORTES ACUÁTICOS

ALTA TECNOLOGÍA

Los avances tecnológicos permiten hazañas que eran inconcebibles hace unos decenios. Los barcos se construyen con materiales sintéticos, ligeros y resistentes. Los navegantes cuentan con equipo electrónico que les informa sobre posición, velocidad y distancia recorrida, así como fuerza y dirección del viento. El radio les permite enviar y recibir información. Un radio-brújula conecta al bote vía satélite con el puesto de mando. Los medios de comunicación también pueden seguir la carrera en todo momento.

TRABAJO Y DESCANSO

El piloto automático, aparato que mantiene el bote en la dirección deseada, permite al navegante dejar el timón a ratos, para descansar o dormir. Se dispone de un camarote cómodo y se puede leer y oír discos. Los marineros obtienen una nutrición balanceada a base de alimentos liofilizados, empacados al vacío o en conserva. También es necesario un botiquín completo para atender enfermedades o accidentes.

Cuando maniobra sobre cubierta o en la arboladura el marinero debe llevar un arnés, para poder regresar al bote si llega a caer.

Radio-brújula Argos

Regatas y carreras en alta mar

Regata de Solings

Las regatas

Los botes pequeños participan en regatas cerca de las costas. En ellas compiten naves idénticas en varias mangas. Las grandes competencias internacionales incluyen la de Kiel (Alemania), Weymouth (Gran Bretaña), Alassio (Italia), Kingston (Canadá), Midwinters (Estados Unidos) e Hyères y La Rochelle (Francia).

Carreras en alta mar

En estas pruebas, de 200 kilómetros cuando menos, se enfrentan monocascos habitables. Las carreras más importantes son las de Fastnet, por el nombre de un peñasco aislado al sur de Irlanda, la Copa del Almirante en Cowes, Inglaterra, la Sydney-Hobart, en Australia, la carrera solitaria del Fígaro y la Vuelta a Francia en velero.

La vela en los Juegos Olímpicos

Existen tres categorías de embarcaciones: las de quilla, que logran su estabilidad gracias a una quilla fija al casco; los derivadores, más pequeños, que se estabilizan con una *orza*, pieza de madera que sobresale del casco en el centro de la nave, y los multicascos, que incluyen catamaranes (de dos cascos) y trimaranes (de tres cascos). Las competencias se hacen sobre un recorrido triangular. El triángulo debe estar inscrito en un círculo de dos a tres kilómetros de diámetro, según el tamaño de los barcos.

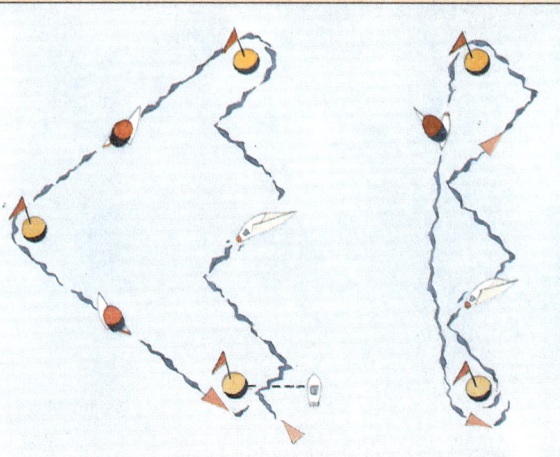

DEPORTES ACUÁTICOS

LOS REGÍMENES DEL VIENTO

La fuerza del viento se mide según la escala de Beaufort, que va de 0 a 12.

VIENTO DE PROA
El bote tiene el viento en contra. Para avanzar, navega ciñendo el viento, es decir, cambia sucesivamente de posición en relación al viento, describiendo ángulos de hasta 45°. Se le llama "navegar de bolina" o "voltejear".

VIENTO EN POPA
El barco avanza en la misma dirección que el viento. Es la situación en que los botes navegan más rápido, porque el viento los impulsa por la parte trasera (la popa).

VIENTO DE COSTADO
Si el viento viene de la derecha, se le llama "viento de estribor"; si viene de la izquierda, "viento de babor". Permiten una velocidad intermedia.

En la primera bordada, el bote navega de la boya de salida a la boya de llegada, ciñendo el viento. En la segunda bordada va de la boya de llegada a la boya intermedia. El bote lleva el viento sobre el costado derecho (a estribor). La tercera bordada se recorre entre la boya intermedia y la boya de salida. El bote tiene el viento sobre el costado izquierdo (a babor). La prueba sigue entonces con una ida y vuelta por un costado del triángulo, entre las boyas de salida y de llegada. Después, vuelve a rodear las tres boyas y se dirige a la meta.

Deslizador con vela

Un deporte novedoso

El deslizador con vela o *windsurf*, inventado en los años sesenta, vino a revolucionar la navegación de placer. Logró numerosos adeptos, sobre todo entre los jóvenes, porque puede practicarse en el mar o en lagos o embalses, es económico y fácil de transportar. Hay dos tipos de competencias: las *regatas*, que siguen las mismas reglas que otras embarcaciones, y el *funboard*, que consiste en hacer figuras sobre las olas. Esta última es muy espectacular.

Surgido en Estados Unidos

Dos estadounidenses, Jim Drake y Holy Schweitzer, perfeccionaron en 1965 el primer deslizador patentado. Se basaron en un principio sencillo: fijar al deslizador, mediante un brazo articulado, una pequeña vela triangular. Schweitzer comercializó este nuevo artefacto en 1968, bajo el nombre de *Windsurfer*. Tuvo un éxito inmediato. El primer campeonato mundial se realizó en 1973 en Estados Unidos. El *windsurf* se admitió en los Juegos Olímpicos a partir de 1984.

Técnica

El deportista se sujeta de la *espoleta*, especie de barra curvada que rodea la vela. Maniobra con ella de modo que el viento hinche la vela, y hace contrapeso a la fuerza del viento inclinando el cuerpo hacia atrás.

En las regatas, todos los competidores utilizan el mismo modelo de *windsurf*.

Un traje aislante y botines de plástico protegen del frío.

El deslizador tiene una pequeña quilla para estabilizarlo, pero no tiene timón.

DEPORTES ACUÁTICOS

EL *FUNBOARD*

Es la más reciente entre las competencias de *windsurf* e incluye tres especialidades. La más espectacular se practica sobre las olas, como el deslizador común, con deslizadores cortos de vela pequeña. El competidor ejecuta saltos y figuras acrobáticas, calificados por un jurado. Las otras dos pruebas son la regata, en que varios competidores participan en una carrera lineal, y el eslálom, donde deben seguir un trayecto delimitado con boyas.

Dos saltos sobre olas. Los calzapiés aseguran un buen contacto con la tabla.

Posición a la capa, con la vela acostada.

Aceleración rápida

MATERIALES

Hay tres tipos de deslizadores:
- Con tabla larga, de más de 3.50 m, para vientos suaves.
- Con tabla corta, de 2.65 m a 2.95 m. Son más rápidos y se usan para vientos fuertes.
- Las tablas de regata, de 3 m a 3.50 m, carenadas en V, que tienen varias hileras de calzapiés a diferentes distancias. Se eligió este tipo de deslizador para los Juegos Olímpicos, en un modelo único para todos los competidores. Cuando el viento es suave se adapta una vela grande, de 10 m^2, o una pequeña, de 6 m^2, cuando es fuerte.

Deslizador y esquí acuático

En el deslizador o *surf,* el deportista se desliza guardando el equilibrio sobre una tabla. Sube y baja sobre las olas, cambia de dirección y salta. Este deporte sólo puede practicarse en playas donde se forman olas de gran tamaño.

Cook descubre el *surf*

Al llegar a Hawai en 1770, el capitán Cook observó a los nativos deslizarse sobre las olas balanceándose sobre largas y pesadas tablas de madera. Los misioneros estadounidenses condenaron aquel juego al considerar que los indígenas que lo practicaban iban casi desnudos. Pese a ello, el *surf* renació después de 1912, gracias al campeón de natación Duke Kahanamoku. A partir de entonces, se desarrolló rápidamente en California, Australia y otras partes del mundo.

Figuras acrobáticas

Se aprovecha el impulso de la ola para deslizarse el mayor tiempo posible, lograr la máxima velocidad y enlazar las figuras. Una de las más frecuentes es el "tubo", en que el deportista va por debajo de la cresta de la ola. Cinco jueces califican la exhibición asignando puntos a cada figura.

Para no perder el deslizador en las caídas, va unido al tobillo con un cordón elástico.

Las competencias

Desde 1964 se organizan campeonatos del mundo varoniles y femeniles para amateurs. En 1976 se crearon los campeonatos del mundo para profesionales. Sin embargo, no se ha aceptado el *surf* como deporte olímpico porque no se practica en un número suficiente de países.

Las tablas actuales son de materiales plásticos.

DEPORTES ACUÁTICOS

El esquí acuático se practica en mar tranquilo o en lagos y lagunas. Una lancha de motor tira del esquiador mediante una cuerda.

Competencias de esquí

En 1920, esquiadores alpinos iniciaron el esquí acuático en los lagos de los Alpes y en la Costa Azul. Sin embargo, no se le reconoció sino hasta 1947, fecha en que se organizaron en Évian los primeros campeonatos europeos. Hay competencias varoniles y femeniles, pero no figuran como deporte olímpico.

El competidor de figuras emplea un solo esquí, más corto que en el eslálom.

Salto en esquís

Se utilizan dos esquís. Después de una carrera para tomar impulso, despegan de una rampa e intentan un salto lo más largo posible. La caída debe ser estable.

Esquiadores sin esquís

El "esquí sin esquís" es una modalidad reciente. El esquiador maniobra sobre el agua descalzo, deslizándose sobre los talones. Como tiene una superficie de apoyo tan pequeña, deben tirar de él a gran velocidad, más de 60 km/h, para mantenerse sobre el agua.

Esquí de figuras

El competidor utiliza un solo esquí, más corto que en el eslálom. Efectúa dos pasos de 20 segundos, en los cuales ejecuta el mayor número posible de figuras calificadas. Lo hace con uno o ambos pies sobre el esquí, o bien sujetándose la cuerda de tracción en un pie para esquiar con las manos libres. Las calificaciones van desde 20 puntos para un deslizamiento simple hasta 700 puntos para un salto mortal.

Eslálom

El esquiador, con un solo esquí, debe rodear seis boyas dispuestas en zigzag. La velocidad del bote es de 58 km/h para hombres y de 55 km/h para damas. Al completar cada paso, se acorta la cuerda de tracción, lo cual aumenta la dificultad.

En las pruebas, la lancha debe ser idéntica para todos los competidores.

HISTORIA DEL REMO

Oxford contra Cambridge

Antes de la vela, el remo fue el primer medio de navegación. Desde la antigüedad se organizaron competencias acuáticas en embarcaciones ligeras. La versión moderna del remo se originó en 1829, con la primera carrera en que compitieron, en botes de ocho remeros y sobre una distancia de 6 838 metros, estudiantes de las universidades de Oxford y Cambridge. Es la más antigua de las competencias actuales.

El remo como deporte

Durante el siglo XIX, el canotaje fue muy popular en Francia. En 1839, en París, el escritor Théophile Gautier fundó la primera sociedad náutica. Era sólo una actividad de recreo, y se realizaban paseos en el Sena y el Marne. Pero pronto se manifestó una tendencia deportiva. Entre 1840 y 1850 se multiplicaron los clubes y surgieron carreras en forma anárquica. En 1893 se unificaron las reglas, al crearse la Federación Francesa de Sociedades de Remo. En 1896 se incluyó el remo en el programa de los Juegos de Atenas, pero una tempestad impidió que se realizaran las competencias. El remo no se consagró como deporte olímpico sino en 1900, en los Juegos de París.

Botadura de un cuádruple en el Marne, frente a la Sociedad para el Fomento de los Deportes Náuticos, en 1894.

DEPORTES ACUÁTICOS

Dos clases de remos

La esencia de las competencias de remo es sencilla: uno o varios remeros en un bote intentan cubrir una cierta distancia en el menor tiempo posible. Los botes se clasifican según dos tipos de remos: remo corto y remo largo.

Remo largo
Cada remero maneja un solo remo con ambas manos.

Ocho tipos de botes

Hay tres tipos de botes de remo corto: el *skiff* (individual), el doble (dos remeros) y el cuádruple (cuatro remeros, cada uno con dos remos). Hay cinco de remo largo: el "dos con timonel" (dos remeros, un timonel), el "dos sin timonel"; el "cuatro con timonel", el "cuatro sin timonel" y el "ocho", siempre con timonel. Las competencias para damas, aceptadas en los Juegos Olímpicos desde 1976, incluyen seis tipos de botes. Tres son de remo corto: el *skiff*, el doble y el cuádruple con timonel, y tres de remo largo: el "dos sin timonel", el "cuatro con timonel" y el "ocho con timonel".

Remo corto
El remero lleva un remo en cada mano. Con el mismo número de remeros, los botes de remo corto son más rápidos que los de remo largo.

Skiff

Ocho con timonel

Colocación de los remos
Los remos se apoyan en unos triángulos metálicos en el exterior del bote. La parte del remo entre esta articulación exterior, llamada lira, y la mano del remero es más larga que en un bote común, donde el remo se apoya sobre el borde. Esto permite al remero ejercer mayor fuerza.

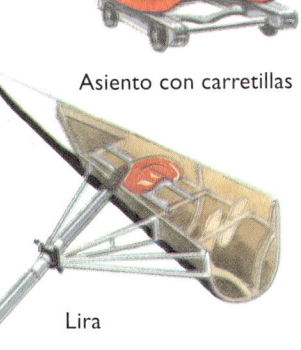

Asiento con carretillas

Lira

Asiento corredizo
El remero apoya los pies en una barra, fija al suelo del bote. El asiento tiene carretillas y se desliza sobre rieles, lo que permite una extensión total del cuerpo. Este sistema se inventó en Estados Unidos en 1875. Antes, los remeros llevaban pantalones de cuero y se deslizaban sobre la banca, embadurnada de grasa.

Competencias de remo

Pistas para remo

Las carreras se realizan en estanques o pistas sin corriente, en línea recta y sobre una distancia de 2 kilómetros. La pista debe incluir de seis a ocho carriles, señalados con boyas. Cada 500 metros se colocan sobre la pista placas con el número de cada carril. Los competidores, que reman de espaldas a la línea de meta, necesitan estas señales para mantener su carril, sobre todo si no llevan timonel.

El timonel

El timonel dirige el bote y, con gritos, marca el compás a los remeros. El peso del timonel debe ser cuando menos de 50 kg para los hombres y de 45 kg para las damas. Si es necesario, puede embarcarse un peso adicional de 5 kg como máximo.

Categoría de pesos ligeros

En el remo, deporte muy atlético, se impusieron deportistas altos y fornidos. Para que la competencia no fuera inaccesible a los atletas menos pesados, la Federación Internacional creó en 1974 una categoría de pesos ligeros que participan en los campeonatos del mundo. En los varones, el peso promedio del equipo, aparte del timonel, debe ser menor a 70 kg, con un máximo de 72.5 kg. En los Juegos Olímpicos no existen categorías por peso.

Cada 500 metros hay un cable encima de la pista, con placas que llevan los números de cada carril y señalan el centro de éste.

En las damas, el peso promedio es de 57 kg, con un peso individual máximo de 59 kg.

DEPORTES ACUÁTICOS

Un bote puede invadir el carril vecino sin ser sancionado, siempre que no obstruya a otro competidor.

CARRERAS EN RÍO
Además de las grandes competencias internacionales, realizadas en pistas, también se organizan carreras en ríos. Se disputan en el sentido de la corriente. Cada embarcación compite sola, contra reloj. Gana la que hace el mejor tiempo.

Cuando hay más de dos remeros, el timonel va sentado en la popa.

SALIDA Y LLEGADA
Antes de salir, se alinean todos los botes. El frente de cada bote (la roda) tiene una bola blanca. La llegada se determina al pasar la bola blanca sobre la meta. Una señal sonora indica a los remeros que han cruzado la meta.

73

Historia del canotaje y del kayak

Dos orígenes distintos

En sus inicios, el kayak fue una embarcación larga y angosta, desarrollada por los esquimales, que la usaban para pescar. Como no tenían madera, construían sus kayacs con huesos de reno cubiertos con piel de foca. Por su parte, la canoa fue inventada por los indios del Canadá mucho antes de la llegada de los europeos. Originalmente era un bote ligero hecho con corteza de abedul.

De la diversión al deporte

El desarrollo deportivo de la canoa y el kayak fue simultáneo. El primer club de canotaje se fundó en Londres en 1865. Ya que las dos especialidades son tan afines, dependen de las mismas federaciones en todo el mundo. Durante mucho tiempo se les consideró deportes recreativos, y no recibieron reconocimiento internacional sino hasta 1924. Se les admitió desde los Juegos Olímpicos de Berlín, en 1936.

Esquimautage

Este término designa una técnica que consiste en dar una vuelta completa bajo el agua en el kayak para volver de inmediato a la posición habitual, apoyándose en el remo o canalete.

Al igual que la canoa, el kayak es insumergible gracias a que tiene recipientes huecos en ambos extremos.

DEPORTES ACUÁTICOS

MODALIDADES

Las competencias de canotaje se realizan en dos medios: pistas sin corriente, para carreras, y ríos caudalosos, para eslálom y descenso. Las competencias de canoa son sólo para varones.

La canoa para carreras en línea no tiene cubierta. El remero lleva una rodilla en el suelo y la otra pierna extendida. Rema de un solo lado con remo de una pala. Las canoas de competencia casi siempre son de madera, que permite mejor deslizamiento.

Canoa biplaza en pista

En el kayak, el remero va sentado. Utiliza un remo doble o canalete, que maniobra a uno y otro lado de la embarcación.

Kayak monoplaza en pista

Canoa biplaza en un río

Para los rápidos, la canoa va totalmente cubierta, como el kayak. Los remeros se protegen la cabeza con un casco. Un faldón impermeable ajustado a la cintura cubre el orificio de entrada de la canoa o el kayak y lo cierra herméticamente.

LAS COMPETENCIAS

• En pista: en los Juegos Olímpicos se incluyen carreras en línea para varones, de 500 y 1 000 metros, para canoas y kayacs monoplaza y biplaza, y 1 000 metros para kayacs cuádruples. Las damas compiten 500 metros en kayacs monoplaza, biplaza y cuádruples. En los campeonatos del mundo también hay una prueba de fondo para varones: 10 kilómetros en kayacs monoplaza y biplaza.

• En rápidos: para descenso y eslálom, los varones emplean tres tipos de embarcación: canoas monoplaza, canoas biplaza y kayacs monoplaza; las damas, sólo kayacs monoplaza.

COMPETENCIAS EN CANOA, KAYAK Y BALSA

CARRERAS EN LÍNEA RECTA

La pista donde se realizan las carreras en línea recta debe tener una profundidad mínima de 2 metros. Cada carril tiene entre 7 y 9 metros de ancho. Compiten un mínimo de tres embarcaciones y un máximo de nueve. Gana el que cruce primero la línea de meta.

Las embarcaciones llevan el número de su carril.

El bote número 1 es el primero de la izquierda, en el sentido de la corriente.

ESLÁLOM

El eslálom se realiza en un trayecto caudaloso, natural o artificial, de 600 metros como mínimo y señalado con un máximo de 25 puertas. Estas se hacen con postes que el competidor no debe tocar, bajo pena de sanción. La salida es en el sentido de la corriente o a contracorriente pero nunca de costado, con un intervalo mínimo de 1 minuto. Los botes utilizados para esta prueba son todavía más pequeños que para el descenso.

Los postes blanco y verde se cruzan en el sentido de la corriente; los blanco y rojo, a contracorriente.

En el eslálom, los tiempos se convierten en puntos, a razón de 1 punto por segundo. A este total se suman los puntos de castigo. Los castigos son de 5 puntos por tocar un poste y 50 por derribar un poste, omitir una puerta o realizar una vuelta en la puerta. Gana el competidor que totalice el menor número de puntos. La prueba se realiza en dos mangas. Sólo se toma en cuenta la mejor manga.

DEPORTES ACUÁTICOS

Los carriles se marcan con boyas.

DESCENSO

El descenso se efectúa en ríos turbulentos con gran pendiente. El recorrido varía de 3 a 8 km, según su grado de dificultad. La duración promedio de la carrera es de 20 minutos. La salida de las embarcaciones se espacía cuando menos 30 segundos. La prueba es contra reloj. Los competidores se clasifican según sus tiempos. Gana quien hace menor tiempo. Las embarcaciones usadas para el descenso son más pequeñas que para la carrera en línea recta.

COMPETENCIAS EN BALSA

Los ríos se clasifican en seis categorías, según su dificultad. En las categorías más difíciles se organizan competencias no oficiales de descenso en rápidos y saltos de agua. En este tipo de pruebas se corren grandes riesgos. La disciplina más desarrollada es el descenso de rápidos en balsas inflables. Se emplean remos simples para mantener la embarcación alineada con la corriente.

Triatlón

Coubertin, precursor del triatlón

A fines del siglo XIX se desarrollaron pruebas que combinaban diferentes especialidades. En 1898, el inglés Radcliffe recorrió cinco veces un cuarto de milla (casi 400 metros cinco veces) empleando en 12 minutos con 48 segundos remo, natación, carrera a pie, en bicicleta y a caballo. El barón Pierre de Coubertin causó sensación en marzo de 1901 en Cannes al practicar, durante seis horas, ciclismo, remo, equitación, tenis, motocicleta y un asalto de florete, espada, sable y boxeo francés.

El triatlón moderno

En 1970, los estadounidenses crearon el triatlón moderno que combina, en ese orden y sin interrupción, natación, ciclismo y carrera a pie. Pronto se volvió muy popular y se extendió por todo el mundo. El triatlón se reglamentó en forma internacional en 1985, y en 1992 se solicitó su inclusión como deporte olímpico.

Salida para la competencia de natación, de 3.8 km.

Se inscribe un número con tinta indeleble en el muslo y el brazo.

El "Hombre de acero"

Para difundir en los medios de comunicación el triatlón moderno, un grupo de soldados estadounidenses organizó en Hawai una prueba con distancias largas. Esta ardua competencia asumió un carácter dramático, porque sólo los superhombres podían triunfar en ella. A este triatlón se le dio el nombre de *Ironman*, que significa "Hombre de acero".

DEPORTES ACUÁTICOS

CINCO CATEGORÍAS

Hay cinco categorías de triatlón, según la longitud de las carreras (natación, bicicleta y carrera a pie, en ese orden).
- De velocidad: 750 m, 20 km y 5 km (se reserva para principiantes).
- Olímpico: 1.5 km, 40 km, 10 km (se propone incluirlo como deporte olímpico).
- Intermedio: 2.5 km, 80 km, 20 km.
- Largo: 3.5 km, 120 km, 30 km.
- Hombre de acero: 3.8 km, 180 km, 42.195 km.

ATLETAS COMPLETOS

El triatlón exige cualidades físicas y sicológicas superiores a las promedio. El tiempo total se cuenta desde el inicio de la natación hasta la llegada a la meta de la carrera a pie, sin interrupción. Esto requiere de una preparación técnica y física en tres deportes distintos que, además, son antagonistas. De hecho, cada especialidad recurre a diferentes músculos. Por último, es una competencia individual en que el atleta debe tener voluntad para efectuar un esfuerzo prolongado y solitario.

El cambio de ropa y de equipo se incluye en el tiempo total de la prueba.

Tras la frescura del agua, el organismo de los competidores debe enfrentar un intenso calor.

Los participantes recorren 180 km en bicicleta, bajo un sol abrasador.

Al terminar la carrera a pie (42.195 km), se anuncia el tiempo total, desde el inicio de la natación.

HISTORIA DEL FÚTBOL

Los juegos de pelota se practican desde la antigüedad. En Francia, la *soule* fue popular de los siglos X al XVI. Al implantarse en Inglaterra, dio origen al fútbol. Durante el siglo XIX, los ingleses sentaron las reglas del fútbol moderno.

El *harpastum* romano

En sus orígenes, este juego de pelota fue el precursor de la *soule* y del fútbol. Se jugaba en un terreno rectangular. El objetivo era enviar la pelota (*harpasto*, un odre de cuero lleno de arena) con la mano o el pie hasta una de las bases, situadas atrás de la línea de fondo. Para detener a un adversario, se le podía sujetar, golpear o estrangular.

Conservado en las escuelas

En Italia, a partir del siglo XVI se jugaba al *calcio*. Hasta la fecha, los italianos llaman *calcio* al fútbol. En Francia, la *soule*, generadora de graves desórdenes, desapareció durante el siglo XVIII, a la vez que declinaba el fútbol en Inglaterra. Sólo se conservó en los colegios ingleses.

Otro antecesor: la *soule*

Desde el siglo X, en Francia fue popular la *soule*. Era un juego violento en el cual gran número de jugadores se arrojaban o empujaban con el pie la *soule*, que podía ser una vejiga de cerdo o una bolsa de cuero llena de salvado, heno o trapos. Ganaba el grupo que lograra llevar la *soule* hasta un sitio definido de antemano. Tras la invasión de Inglaterra en el siglo XI, los normandos llevaron allí la *soule*, que recibió el nombre de *football*.

El *calcio* estaba mejor organizado que la *soule*.

Dos equipos se enfrentaban en un terreno cerrado.

Cambridge vence a Rugby

Originalmente, cada colegio tenía sus propias reglas. El colegio de Rugby encabezaba a los que deseaban conservar el fútbol ancestral, con sus *mêlés* y placajes. Cambridge deseaba un fútbol menos violento. La *Football Association*, fundada en 1863 para establecer reglas comunes, logró que se impusieran los partidarios de Cambridge. Nació así el fútbol moderno.

Difusión mundial

El fútbol logró una rápida expansión en Inglaterra. A fines del siglo XIX se siguió el ejemplo inglés en el extranjero.

En Japón, a fines del siglo XIX.

En Francia, en 1872, ex alumnos de Oxford y Cambridge crearon el primer club en El Havre. Las reglas inglesas se admitieron en todo el mundo a partir de 1904, con la fundación de la Federación Internacional de Fútbol Asociación (FIFA). La universalización del fútbol se consagró al aceptarlo en los Juegos Olímpicos de 1900 pero, sobre todo, al iniciarse la Copa del Mundo en 1928.

El fútbol en la actualidad

El fútbol se practica entre equipos varoniles o femeniles de once jugadores. El balón puede golpearse con cualquier parte del cuerpo excepto brazos y manos. Sólo el portero puede tocar el balón con los brazos o las manos. El objetivo es meter el balón en la portería contraria. Gana el partido el equipo que anote más goles.

Los futbolistas y su técnica

Papel de los jugadores

Portero, defensas, medios o delanteros, cada uno de los once jugadores de un equipo de fútbol tiene un papel diferente según su posición en el terreno. Sin embargo, el fútbol moderno hace que los jugadores cambien de papel según la situación. Para cualquier posición se ha vuelto indispensable saber conducir el balón con el pie, pasarlo o tirar a gol.

Numeración de los jugadores

Por lo general, la numeración es la siguiente: 1, portero; 2 y 3, defensas laterales; 4, defensa central; 5, medio de ataque, jugador libre que se mueve para cubrir la espalda de los defensas, pero que puede participar en la acción; 6, 8 y 10, medios; 7, 9 y 11, delanteros.

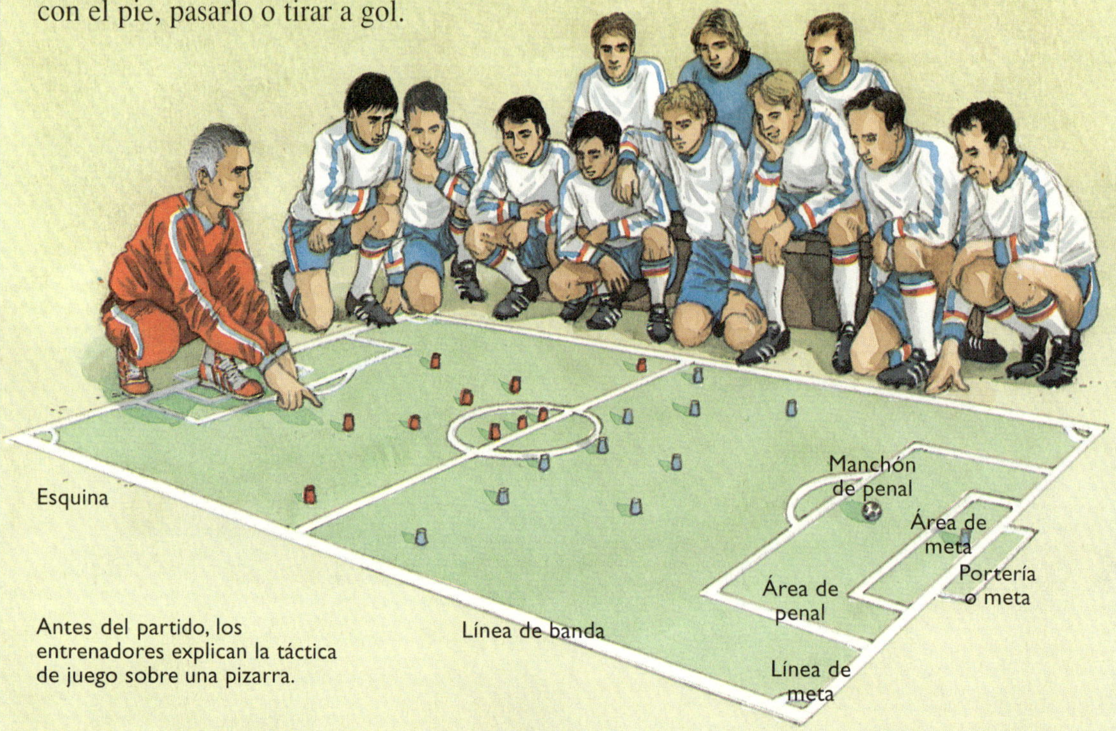

Esquina

Manchón de penal

Área de meta

Portería o meta

Área de penal

Línea de banda

Línea de meta

Antes del partido, los entrenadores explican la táctica de juego sobre una pizarra.

Driblar
Al esquivar a un adversario, el jugador mueve el balón con golpes cortos, para mantener el control. Va de frente al adversario, para obligarlo a detenerse ante él (1). Entonces, con una aceleración brusca, arranca lateralmente y deja al adversario en su sitio (2).

Tapar
El defensa extiende una sola pierna para quitarle el balón de los pies al adversario.

Tipos de tiro
Según las circunstancias, el jugador emplea distintos tiros: de potencia, con el dorso del pie, o de precisión, con la cara interna del pie. Este último da mejor dirección.

DEPORTES DE CONJUNTO

Equipo
Los jugadores usan zapatos con tacos que evitan los resbalones. Los tacos son de aluminio o de plástico, sin bordes cortantes para no lastimar a otros jugadores.

Tiros a la portería
Los delanteros se encargan de anotar goles. Para ello deben desarrollar una buena técnica, ser veloces y tener un tiro potente e instantáneo. En cuanto a los porteros, de preferencia son altos, para detener los tiros elevados hacia su portería. Además, necesitan sangre fría y excelentes reflejos.

Los defensas
Tanto defensas laterales y centrales como medios de ataque deben ser fuertes, con gran poder para detener a los atacantes contrarios sin cometer faltas como, por ejemplo, sujetarlos de la camiseta.

Los medios
Son el enlace entre defensa y ataque. Deben ser buenos estrategas, con excelente visión del juego y gran resistencia, porque su labor es muy intensa.

El partido de fútbol

Duración del partido

El partido se divide en dos medios tiempos de 45 minutos cada uno, con un intermedio de 15 minutos. En los partidos de eliminación de campeonato, si terminan empatados, el árbitro alarga el juego por dos periodos de 15 minutos. Si persiste el empate, en caso de partidos de ida y vuelta, gana el equipo que anotó más goles como visitante. Cuando esto no elimina el empate, se ejecutan tiros penales. Se hacen cinco tiros, y gana el equipo que anota más goles.

Saque

Para el saque inicial, se coloca el balón en el centro del campo. Los jugadores deben estar en sus respectivos terrenos. Hasta el saque inicial, los jugadores del equipo que no saca deben permanecer alrededor del círculo central. El juego se reanuda de esta forma después de un gol o del medio tiempo.

Los árbitros

Dirige el partido un árbitro, que sigue la acción en el campo y sanciona las faltas. Lo asisten dos jueces de línea, que se mueven uno a cada lado del terreno de juego. Ellos señalan al árbitro los balones que salen del campo y, con una bandera, el sitio donde vuelve a ponerse en juego el balón. El árbitro puede o no seguir las indicaciones de los jueces de línea.

Una tarjeta amarilla es amonestación; la segunda origina la expulsión del jugador.

Una tarjeta roja significa expulsión inmediata.

TIRO PENAL

Cuando un defensor comete una falta en el área de penal, el equipo atacante tiene derecho a un cobrar un tiro llamado "penal": un jugador, solo frente al portero, realiza un tiro directo contra la portería, desde una distancia de 11 metros.

FUERA DE LUGAR

Un jugador está en fuera de lugar si se encuentra más cerca de la línea de meta contraria que el balón cuando un compañero tiene el control, y si hay menos de dos adversarios (incluyendo al portero) entre él y la línea de meta. El fuera de lugar se castiga con un tiro libre indirecto.

TIROS LIBRES

Hay dos tipos de tiros libres, que se hacen desde el sitio donde se cometió la falta. El tiro libre indirecto sanciona una falta poco grave. No da derecho a un intento directo de gol. El tiro libre directo sanciona una falta grave. Permite tirar directamente hacia la portería. Los contrarios deben situarse cuando menos a 9.15 metros del sitio donde se saca. Si el tiro se hace cerca de la portería, los defensas se alinean delante del contrario para desviar el ángulo de tiro.

TIRO DE ESQUINA

Si el equipo defensor hace salir el balón más allá de la línea de meta, se hace un tiro de esquina. El equipo atacante pone en juego el balón tirando desde la esquina del terreno.

La Copa del Mundo y la Copa Europea

La copa del Mundo

En 1928, la FIFA (Federación Internacional de Fútbol Asociación), bajo la presidencia del francés Jules Rimet, decidió organizar una Copa del Mundo. Se juega cada cuatro años. Hasta la fecha, se ha organizado de modo alterno en Europa y América Latina, donde se cuenta con los mejores equipos profesionales y con la infraestructura más moderna.

Dos mil millones de espectadores

La Copa del Mundo recibe una cobertura universal. Atrae a dos mil millones de espectadores. El número de periodistas acreditados se acerca a 5 000. En las ciudades sede se establecen centros de prensa. Los periodistas pueden consultar un banco de datos sobre los participantes en la Copa del Mundo. Después de cada partido, entrenadores y capitanes de los dos equipos atienden a la prensa en salas acondicionadas para ello.

En las tribunas hay amplias instalaciones para transmisión: teléfonos, computadoras, etc.

DEPORTES DE CONJUNTO

Miles de aficionados convierten los partidos en una gran fiesta.

Ondean banderas gigantescas, banderolas y estandartes.

Una gigantesca organización

La Copa Mundial moviliza a todos los países. Se realiza una fase eliminatoria por continentes. Cada continente tiene derecho a cierto número de países calificados: Europa e Israel, 13; África, 3; Sudamérica, 3 o 4; Centroamérica y Norteamérica, 2 o 3; Asia, 2; Oceanía, 1 o ninguno. Estos 24 calificados, que incluyen al poseedor de la Copa y al país anfitrión, disputan la fase final en el país anfitrión.

Folklore africano antes de iniciar un partido.

La gran fiesta

El país organizador debe tener cuando menos un estadio para 80 000 espectadores y entre seis y diez estadios para 50 000. Cada país tiene cierto número de sitios para sus aficionados. Se toman considerables medidas de seguridad, no sólo por parte de la policía sino de los organizadores, que deben ofrecer estadios sin lugares de pie. Los incidentes son menos graves que en las Copas Europeas de clubes.

La Copa Europea

La Copa Europea de clubes campeones, iniciada en 1956, estimuló notablemente los campeonatos nacionales. Este torneo, muy popular, ha dado un prestigio excepcional a clubes como el Real Madrid, Milán, Manchester United, Ayax de Amsterdam, Bayern de Munich, Liverpool, Juventus de Turín y Olympique de Marsella. El 26 de mayo de 1993, el club marsellés ganó por primera vez la Copa, al derrotar al Milán.

Los equipos

Cada delegación incluye a unas cincuenta personas, entre ellas 22 jugadores autorizados. Durante toda la Copa, cada país integra su equipo únicamente con estos jugadores. Además viajan entrenadores, médicos, masajistas, oficiales y cocineros.

GRANDES JUGADORES DE FÚTBOL

En los poco más de cien años de existencia como deporte organizado, la lista de grandes jugadores de fútbol puede ser muy grande. Su aceptación universal hizo que desde la segunda mitad del siglo pasado surgieran equipos y clubes no sólo en Europa, sino también en América Latina. En estos últimos países se ha desarrollado un buen número de grandes jugadores, en especial en Brasil, que se autodenomina "tierra del fútbol". En fechas más recientes ha brillado particularmente el fútbol de África y el de Asia, que ya ha dado algunas muestras, no tardará en despertar.

En su desarrollo el fútbol ha presentado una evolución similar a la de otros deportes: en un principio predominó lo que podría llamarse "fútbol arte" (cuyo mejor ejemplo podría ser el equipo de Brasil). Más tarde, conforme el deporte iba ganando más y más profesionalización, el llamado "fútbol técnica" (los equipos de tiempos recientes de Alemania son un buen ejemplo). Sea artístico o técnico, el buen fútbol resulta un gran espectáculo que convoca a miles de aficionados. Además, los mejores jugadores son una combinación en la que ambas tendencias se mezclan con resultados deslumbrantes.

En el siguiente cuadro, todos los jugadores pertenecen al siglo XX, pues es en este siglo que este deporte logró plenamente resonancia internacional.

Nombre	País	Posición	Década
Artur Friedenriech	Brasil	delantero	10-20
Héctor Scarono (el Mago, el Gardel del Fútbol)	Uruguay	delantero	20
José Nasazzi (el Terrible)	Uruguay	delantero	20-30
Giuseppe Meaza	Italia	delantero	30-40
Leônidas da Silva (Diamante Negro)	Brasil	delantero	30-40
(Antonio) Domingos da Guia (el Divino Maestro)	Brasil	delantero	30-40
Atilio García	Uruguay	delantero	30-40
Adolfo Pedernera	Argentina	varias	30-40
Schiafino	Uruguay	delantero	40-50
Moacir Barbosa	Brasil	portero	40-50
Zizinho	Brasil	delantero	40-50

DEPORTES DE CONJUNTO

Nombre	País	Posición	Década
Juste Fontaine	Francia	delantero	50
Helmut Rahn	Alemania	delantero	50
Amadeo Carrizo	Argentina	portero	50
Alfredo di Stefano (la Saeta Rubia)	España	delantero	50-60
(Mané) Garrincha (Manoel dos Santos)	Brasil	delantero	50-60
Raymond Kopa (el Napoleón del Fútbol)	Francia	delantero	50-60
Pelé (Edson Arantes do Nascimento)	Brasil	delantero	50-70
Ferenc Puskas	Hungría	delantero	50-60
Antonio Carbajal (la Tota)	México	portero	50-60
Bobby Charlton	Inglaterra	delantero	50-60
Stanley Matthews	Inglaterra	delantero	50-60
Eusebio (la Pantera)	Portugal	delantero	60
Lev Yashin (la Araña Negra)	URSS	portero	60-70
Uwe Seeler	Alemania	delantero	60-70
Franz Beckenbauer (el Kaiser)	Alemania	delantero	60-70
Carlos Alberto (Torres)	Brasil	delantero	60-70
(Roberto) Rivelino	Brasil	varias	60-70
Pedro Rocha	Uruguay	delantero	60-70
Gerd Müller	Alemania	delantero	60-70
Jairzinho	Brasil	medio	60-70
Rummenigge	Alemania	medio	70
Johann Cruyff	Holanda	delantero	70
Romerito (Julio César Romero Isfrán)	Paraguay	delantero	70
Mario Alberto Kempes (el Matador)	Argentina	medio	70
Michel Platini	Francia	delantero	70-80
Harald Schumacher	Alemania	delantero	70-80
(José Guimaraes) Dirceu	Brasil	medio	70-80
Paolo Rossi	Italia	delantero	70-80
Diego Armando Maradona	Argentina	delantero	80-90
Enzo Francescolli (el Príncipe)	Uruguay	delantero	80-90
Carlos Valderrama (el Pibe)	Colombia	varias	80-90
René Higuita	Colombia	portero	80-90
Hugo Sánchez (el Niño de Oro)	México	delantero	80-90
Zico	Brasil	delantero	80-90
Rudd Gullit (el Tulipán Negro)	Holanda	delantero	80-90
Roberto Baggio	Italia	delantero	80-90
Romario (de Sousa Faria)	Brasil	delantero	80-90
Emilio Butragueño (el Buitre)	España	delantero	80-90
Bebeto (José Roberto Gama de Oliveira)	Brasil	delantero	80-90

HISTORIA DEL RUGBY

EL FÚTBOL DE RUGBY

El rugby desciende de los juegos de pelota de la Edad Media, como la *soule* francesa o el fútbol inglés. En el colegio de la ciudad de Rugby, en 1823, el alumno William Webb Ellis introdujo una innovación durante un partido de fútbol. En lugar de patear el balón, lo tomó en las manos y corrió con él hacia la portería contraria. Esta acción le dio su carácter peculiar al fútbol del célebre colegio. Los alumnos de Rugby redactaron en 1846 las primeras reglas de lo que sería el rugby. Este deporte se extendió durante el siglo XIX por el Imperio Británico y Francia. Adquirió una dimensión internacional al crearse la Copa del Mundo, en 1987.

EL PREDOMINIO DEL SUROESTE

Los británicos introdujeron el rugby en Francia a fines del siglo XIX. Se implantó primero en París y Normandía y después en el suroeste, el centro y la región alpina. En los años treinta, el fútbol sustituyó al rugby en Francia, al crearse equipos profesionales en los grandes centros industriales. No obstante, el rugby persistió en la región menos industrializada del suroeste.

Por su carácter amistoso y gregario, el rugby se arraigó bien en las pequeñas poblaciones rurales del Suroeste de Francia.

DEPORTES DE CONJUNTO

UN JUEGO DE CONJUNTO

El rugby se juega con un balón ovalado, con el pie o la mano. El objetivo del juego es anotar un tanto llevando el balón hasta la zona de anotación contraria. También se anota al patear el balón entre los postes, por encima del travesaño. Para que el rugby sea un auténtico juego de conjunto, el balón sólo puede pasarse hacia atrás. Así pues, el balón actúa como punto de referencia para los dos equipos. Todo jugador que se encuentre delante del balón está en fuera de lugar. En consecuencia, los jugadores de un equipo están obligados a avanzar juntos.

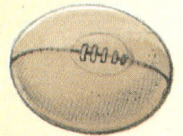 

Los primeros balones eran más redondeados que los actuales.

UN DEPORTE DE CONTACTO

El rugby es un deporte de mucho contacto. Ciertas acciones, como el placaje, pueden resultar peligrosas porque no se permite a los jugadores usar protecciones. Para limitar los riesgos, sólo puede placarse al portador del balón, que está consciente del riesgo que corre. Como las fases del juego tienen características muy distintas, el rugby exige a los jugadores aptitudes físicas diversas, y por ello pueden jugarlo toda clase de atletas.

TÉCNICA DEL PLACAJE

Consiste en sujetar al portador del balón por cualquier parte del cuerpo, salvo el cuello y la cabeza, y tirarlo al suelo. En los colegios, se enseña con un maniquí.

El partido de rugby

Duración del partido
El partido se divide en dos periodos de 40 minutos, separados por un medio tiempo de 5 minutos durante el cual los jugadores descansan en el campo.

El árbitro
El árbitro dirige el partido solo. Lo ayudan dos jueces de línea, uno a cada lado del campo, que le indican entre otras cosas el sitio donde el balón salió, la validez de una conversión o un gol y las acciones de rudeza excesiva.

Los equipos se forman con 15 jugadores: ocho delanteros (los números 1 al 8) y siete traseros (el medio de *mêlée*, número 9; medio de apertura, número 10; tres-cuartos, números 11 al 14, y zaguero, número 15).

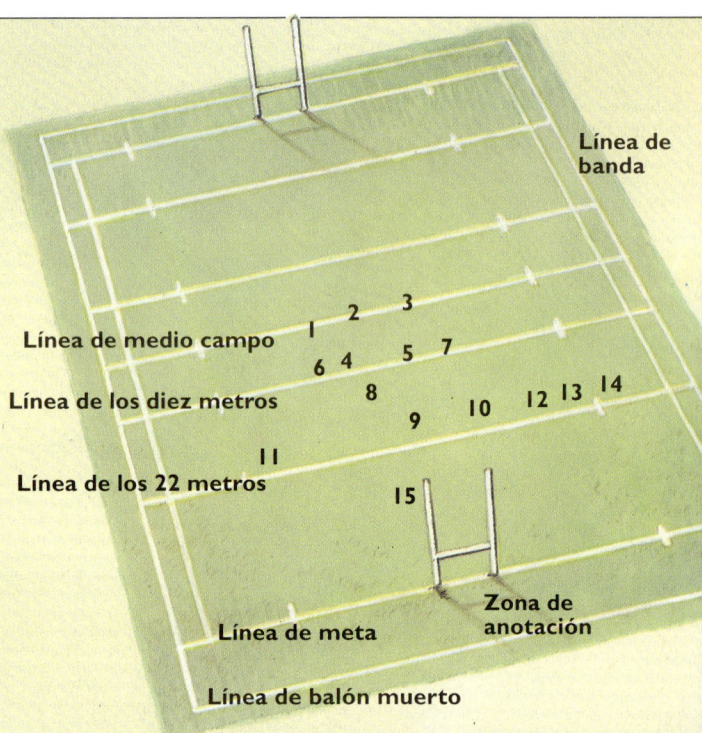

Marcador
Se marca un ensayo al llevar el balón hasta la zona de anotación contraria, y vale 5 puntos. Además, da derecho a una patada de conversión, tirada a la altura del sitio donde se anotó el ensayo y a cualquier distancia de la línea de meta. Se anota un gol cuando el balón pasa entre los postes, por encima del travesaño, y vale 2 puntos.

Las obstrucciones, los fuera de lugar, la rudeza excesiva y el juego peligroso se castigan con una patada de penal. Un jugador del equipo que no cometió la falta intenta anotar un gol desde el sitio donde ésta tuvo lugar; si lo logra, vale 3 puntos. El *drop* también vale 3 puntos. Es un tiro que se intenta espontáneamente. El jugador deja caer el balón al suelo y lo patea después del rebote.

Ensayo

Línea de meta

DEPORTES DE CONJUNTO

Saque de banda

DELANTEROS ALTOS Y FORNIDOS

Los jugadores más altos y robustos forman la línea de delanteros. Se encargan de ganar el balón después del saque de banda o de la *mêlée*. El equipo que no hizo salir el balón del campo realiza el saque de banda. Se lanza el balón entre las dos líneas de delanteros, que saltan para atraparlo.

Se hace la *mêlée* después de una falta técnica (pasar hacia adelante, lanzar el balón hacia adelante, saque de banda diagonal). El medio de *mêlée* del equipo que no cometió la falta lanza el balón en el túnel formado por las dos líneas de delanteros, que se enfrentan cara a cara.

Pase

Resolución de la *mêlée*

TRASEROS RÁPIDOS

Los traseros disponen de un campo más amplio que los delanteros. Rápidos y hábiles, se encargan de realizar ataques profundos, pasándose el balón. El medio de *mêlée* recibe el balón que consiguen sus delanteros. Decide si juega con sus delanteros o pasa el balón a su medio de abertura.

El medio de abertura intenta ganar terreno pateando el balón, o bien se lo pasa a sus trescuartos para desarrollar un ataque mediante pases de manos. El zaguero apoya a los trescuartos o bien intenta recuperar los balones que el adversario patea.

Fútbol americano

Una variante del rugby

El rugby se desarrolló en las universidades estadounidenses a partir de 1850. Muy pronto, cambiaron las reglas y redujeron los equipos a once jugadores. Así nació el fútbol americano. En esa época, el juego era muy brutal (en 1905 hubo 15 muertos). El presidente Roosevelt impuso ciertas reformas. En 1920 se crearon los equipos profesionales. Los clubes reclutaban los mejores elementos entre los equipos universitarios y los corredores seleccionados para los Juegos Olímpicos. Gracias a estos equipos de elite, el fútbol americano se convirtió en el más popular de los deportes estadounidenses. Cada año, los dos mejores equipos se disputan el Súper Tazón, un acontecimiento que se difunde a toda América.

Los pases

El balón de fútbol americano es más pequeño que el de rugby, para poder sujetarlo con una sola mano. El balón avanza llevado por un corredor, pero también por pases que pueden ser muy largos. El pase torpedo consiste en lanzar el balón al tiempo que gira sobre sí mismo, lo que le permite conservar la trayectoria.

El campo y los equipos

Igual que en el rugby, el balón debe llevarse hasta la zona de anotación contraria, o hacerlo pasar con un puntapié entre los postes, por encima del travesaño. El campo está dividido por líneas transversales en franjas de 10 yardas (aproximadamente 9 metros). Cada equipo tiene cuatro intentos para avanzar diez yardas. Si no lo logra, entrega el balón al contrario. Cuando el balón cambia de equipo, los 22 jugadores salen del terreno. El equipo que perdió el balón cambia a sus jugadores ofensivos por los defensivos y viceversa.

DEPORTES DE CONJUNTO

Cuatro cuartos

Debido a los múltiples cambios de equipos, el partido, de una hora de tiempo efectivo, en realidad dura 3 o 4 horas. Se divide en cuatro cuartos, de 15 minutos. Entre el segundo y el tercer cuarto, se da un descanso de 20 minutos. Intervienen de cuatro a siete árbitros. La puntuación es como sigue: el *touchdown* vale 6 puntos; la patada de punto extra, 1 punto; el gol de campo (con el pie), 3 puntos; taclear al jugador con el balón dentro de su zona de anotación, 2 puntos.

Los jugadores

Al iniciarse cada jugada, los siete delanteros de cada equipo se colocan cara a cara. Unos intentan taclear al portador del balón y los otros lo defienden. Atrás de los defensas, el mariscal de campo es el estratega del equipo. Le lanza el balón al corredor ligero o al corredor de poder, verdaderos velocistas, encargados de recibir el balón y correr con él para anotar un tanto.

Protecciones

Los jugadores tienen derecho de bloquear o golpear a los contrarios sin balón. Por ello, todos deben llevar casco con una rejilla que protege el rostro, hombreras articuladas y protectores para caderas, muslos y brazos.

Los jugadores deben ser muy atléticos y fuertes.

HISTORIA DEL BALONCESTO

Naismith, el creador

A fines del siglo XIX, Luther Gulick, director del colegio de Springfield, en los Estados Unidos, quiso sustituir la gimnasia, que le parecía aburrida, por fútbol y rugby. Pero el clima hacía imposible practicar estos deportes en invierno. Por ello, en 1891 le pidió al profesor James Naismith que ideara un juego que se practicara bajo techo. En una noche, Naismith concibió un nuevo juego en el que se enfrentaban dos equipos y cuyo objetivo era meter el balón dentro de una canasta situada en el terreno contrario. A este deporte se le llamó *basketball* (*basket* es canasta en inglés).

Cinco jugadores

Como James Naismith tenía 18 alumnos, organizó los primeros partidos con nueve jugadores por equipo. En un salón de dimensiones reducidas, pronto se dio cuenta de que el número de jugadores era muy importante. Sólo habría cinco en la cancha, pero podían hacerse cambios en cualquier momento. Actualmente, cada equipo está formado por diez jugadores, pero no debe haber en la cancha más de cinco por equipo.

Adopción en Francia

Francia fue el primer país europeo que adoptó el baloncesto, en 1893. Durante mucho tiempo, dependió de la Federación Francesa de Atletismo. El primer campeonato se realizó en 1922, y en 1932 se fundó la Federación Francesa de Baloncesto, al mismo tiempo que la federación internacional.

Los Harlem Globe-Trotters

A partir de 1927, los Harlem Globe-Trotters, un equipo de baloncesto integrado exclusivamente por negros estadounidenses, se hizo famoso en todo el mundo por presentar un espectáculo casi circense, en el cual los jugadores realizan números de destreza y acrobacias con el balón.

EL BALONCESTO OLÍMPICO

El baloncesto se admitió en los Juegos Olímpicos desde 1936 y, hasta 1984, estuvo dominado por los amateurs estadounidenses. En 1988, en los Juegos de Seúl, por primera vez dieron oportunidad de que se disputaran la final los soviéticos y los yugoslavos. Este fracaso llevó a la federación profesional estadounidense a organizar el primer equipo profesional de baloncesto que representó a los Estados Unidos en los Juegos Olímpicos. Este llamado *Dream team*, o equipo de ensueño, fue la gran atracción de los Juegos Olímpicos de Barcelona, en 1992.

La mascota de los *Magics* de Orlando, uno de los mejores equipos de baloncesto de Estados Unidos.

El *Dream team,* medalla de oro en Barcelona, representó el mejor equipo de baloncesto jamás reunido hasta la fecha, con jugadores como Michael Jordan y Magic Johnson.

El partido de baloncesto

La canasta está situada a 3 m de altura; por ello, los jugadores deben tener un excelente resorte.

Duración del partido

El partido se juega en dos medios tiempos de 20 minutos de tiempo efectivo; se descuentan todas las pausas. En caso de empate, se juegan tiempos extras, cada uno de 5 minutos, hasta que un equipo lleve ventaja al terminar un tiempo extra. Dos árbitros dirigen el juego. Cada equipo tiene derecho a dos tiempos fuera de 1 minuto en cada medio tiempo.

Marcador

El equipo que mete más veces el balón en la canasta contraria gana. En el suelo está pintado un semicírculo de 6.25 m de diámetro. Cada canasta vale 2 puntos si se anotó desde el interior del semicírculo y 3 puntos si se tiró desde fuera. Las faltas se sancionan con dos tiros libres, lanzados desde una línea dibujada frente a la canasta, a 5.80 m de la línea de fondo. Cada tiro libre encestado vale 1 punto.

Regla de los 30 segundos

Un equipo no puede conservar el balón más de 30 segundos sin intentar una canasta; si los rebasa, debe entregar el balón al contrario. Cada jugador puede mantener el balón hasta 5 segundos; sólo debe permanecer 3 segundos en la zona de protección bajo la canasta, llamada "zona restringida". Se expulsa a un jugador después de su quinta falta personal. Se le puede sustituir, pero ya no tiene derecho de jugar.

Contactos prohibidos

El balón se juega con las manos. No hay que golpearlo con el puño ni con el pie. Está prohibido sujetar, enganchar, empujar o derribar a los contrarios. Si comete la falta un jugador del equipo atacante, se da el balón al contrario; si la comete un defensa, se conceden dos tiros libres al atacante.

Pase

DEPORTES DE CONJUNTO

Tiros

La situación más favorable para tirar se presenta cuando el jugador está solo, a una distancia media de la canasta. Desde allí, puede intentar un tiro de 3 puntos. El más frecuente es el tiro con salto. El jugador salta y tira desde el aire. Al elevarse, impide que los defensas le obstruyan el ángulo de tiro.

TIRO DIRECTO
El jugador salta por arriba de la canasta, muy cerca de ella, y encesta sin que el adversario pueda oponerse.

LA MESA DE JUECES
Una "mesa de jueces" controla el tiempo de juego efectivo, los cambios de jugadores, los tiempos fuera, el número de faltas personales y el periodo de 30 segundos. Está integrada por un cronometrista, un anotador y un operador que sigue las evoluciones del balón con objeto de calcular periodos de 30 segundos. Una señal sonora indica que el cronómetro se detiene y vuelve a arrancar. El tiempo, en minutos y segundos, se muestra en un reloj muy visible para que tanto los jugadores como los espectadores estén informados.

Por lo general, los jugadores miden más de 2 metros.

Handball

Los jugadores pueden obstruir con el cuerpo, pero no tienen derecho de estorbar a los contrarios con manos ni brazos.

De once jugadores a siete

Alemania fue la cuna del handball. A fines del siglo XIX existían allí numerosos juegos de balón con las manos. En 1919, Schllenz, profesor en el Instituto de Educación Física de Berlín, reglamentó el handball con once jugadores. Pronto apareció una variante con siete jugadores. El gobierno nacionalsocialista hizo obligatorio el handball en el ejército alemán desde 1934 y lo impuso como deporte de exhibición en los Juegos Olímpicos de Berlín en 1936. Los primeros campeonatos mundiales con once y siete jugadores se realizaron en Alemania en 1938. Después de la guerra se suprimió el handball de once, menos atractivo. En otros lugares este deporte adquirió impulso después.

El juego de "balonmano"

El juego consiste en anotar goles arrojando el balón con la mano a la portería contraria. Gana el equipo que anote más goles. El balón es más pequeño que el de fútbol, para poder sujetarlo con una sola mano. Puede tocarse con cualquier parte del cuerpo por arriba de las rodillas. Los equipos cuentan con doce jugadores: diez para el campo y dos porteros. Pueden sustituirse jugadores en cualquier momento. El partido tiene dos mitades, cada una de 30 minutos de tiempo efectivo. En caso de empate, puede prolongarse hasta dos periodos, con dos medios tiempos de 5 minutos cada uno.

Regla de los 30 segundos

Cada equipo tiene 30 segundos para tirar a gol. Si no lo intenta, debe entregar el balón a los contrarios. Un jugador no puede conservar el balón más de 3 segundos ni dar más de tres pasos con el balón en las manos.

DEPORTES DE CONJUNTO

La cancha

A 6 metros de las porterías hay un semicírculo; es el área de gol, donde sólo puede estar el portero. A 9 metros está marcada una línea punteada; es la línea de tiro libre. Se realizan tiros libres atrás de esta línea como castigo a las faltas técnicas. Los adversarios pueden colocarse a 3 metros del tirador para obstruir el ángulo de tiro. Una falta más grave, como obstruir a un contrario en posición de tiro, se castiga con un tiro a 7 metros de la portería sin contrarios delante, equivalente al penal del fútbol.

Los jugadores sólo pueden entrar en el área de gol si están en el aire para tirar. Se llama "tiro aéreo".

Tarjetas amarillas y rojas

Dos árbitros dirigen el partido, uno en cada mitad del campo. Hacen cumplir las reglas e indican al cronometrista cuándo se detiene y se reanuda el juego. En caso de controversia, decide el árbitro principal. Los árbitros castigan las faltas según su gravedad. Una tarjeta amarilla implica expulsión de 2 minutos. Si el mismo jugador recibe tres tarjetas amarillas, queda expulsado definitivamente. La tarjeta roja conlleva expulsión inmediata y definitiva. Un jugador expulsado de uno u otro modo no es sustituido.

El penal debe tirarse manteniendo el pie de apoyo fijo en el suelo.

101

Voleibol

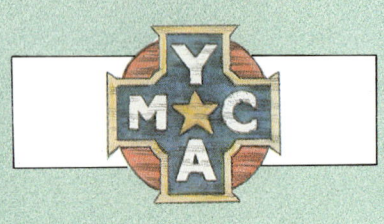

Descendiente del tenis

El voleibol fue creado en 1895 por William Morgan, ex alumno de Springfield, donde nació el baloncesto, y profesor de educación física en la sección de Holyhoke de la YMCA (*Young Men's Christian Association*). Concibió un deporte sin contacto, semejante al tenis pero sin raqueta. La YMCA, asociación protestante presente en muchos países, difundió este juego en Estados Unidos, Canadá, Filipinas y Japón. Los soldados estadounidenses lo llevaron a Europa en 1917. En 1947 se fundó la Federación Internacional, y el voleibol se admitió en los Juegos Olímpicos desde 1964.

Tres toques de balón

Intervienen dos equipos de seis jugadores, separados por una red. El objetivo es enviar el balón por encima de la red al piso del terreno contrario. Al sacar (o *servir*), se lanza el balón al aire y se golpea con una mano. Para devolver el balón, el equipo contrario tiene derecho a tocarlo tres veces, siempre que no se estrelle en la red. Un jugador no puede tocar el balón dos veces seguidas. Debe golpearse el balón sin sostenerlo con la mano.

El servicio

El partido se juega hasta ganar tres *sets* (dos en las mujeres). Gana el set el equipo que llega primero a 15 puntos, con dos puntos de diferencia. Para marcar un punto es necesario haber servido, después de enviar el balón al suelo del terreno contrario. Si ambos equipos ganan dos sets, el quinto set se juega a "muerte súbita". En esta, cada punto ganado cuenta, aunque el equipo no haya servido.

DEPORTES DE CONJUNTO

LOS JUGADORES
Los jugadores del equipo que sirvió se desplazan un sitio en el sentido de las manecillas del reloj. Como todos sacan por turnos, deben tener aptitudes diversas.

Junto a la red se delimita una zona de ataque de 3 metros de profundidad. Detrás de ella está la zona de defensa. Los jugadores pueden pasar de una a otra, a condición de que nunca haya más de tres al mismo tiempo en la zona de ataque. El jugador que recibe el pase del defensa eleva el balón para que uno de sus compañeros atacantes pueda rematar.

Para recuperar algunos balones, los defensores deben arrojarse al suelo. Por ello llevan rodilleras.

ARBITRAJE
Dirigen el partido un árbitro principal y uno auxiliar, situados a ambos extremos de la red. Observan que el jugador no apoye la mano en el balón ni la pase al otro lado de la red. Dos a cuatro jueces de línea, situados en los ángulos de la cancha, indican cuando sale el balón. Cada equipo tiene derecho a seis suplentes.

Béisbol

Un antiguo juego de niños

A principios del siglo XIX, en Nueva York y Boston, los niños se divertían con un juego en el que unos corrían de una base a otra, mientras sus contrarios intentaban tocarlos con una pelota. Inspirándose en aquel juego, Alexander Cartwright creó el béisbol en 1846. Este deporte adquirió tal popularidad que, a partir de 1869, se fundaron los primeros equipos profesionales. El béisbol, estadounidense por excelencia, se difundió en Cuba en los años treinta y en Japón después de 1945, por el ejército de ocupación. A pesar de jugarse hoy día en México, el Caribe y Venezuela, la complejidad de sus reglas y la necesidad de emplear estadios muy grandes han impedido un mayor desarrollo.

El campo

Se juega entre equipos de nueve miembros, sobre un terreno amplio en forma de cuarto de círculo, con un mínimo de 75 metros de radio. El campo se divide en dos zonas. El diamante interior es un cuadrado de 27 metros de lado. En un ángulo, sobre la goma de *home*, se pone en juego la pelota, con un lanzador (*pitcher*), un bateador y un receptor (*catcher*). En los otros tres ángulos se sitúan las bases. Fuera del cuadrado y hasta los límites del campo reglamentario se extiende el jardín, donde los siete defensores deben recuperar las pelotas bateadas.

El lanzador del equipo defensivo, de pie sobre un montículo de 25 centímetros de alto, arroja la pelota con la mano para ponerla en juego.

JUEGOS DE PELOTA

EL JUEGO

Los partidos se dividen en 9 entradas. Una entrada concluye cuando ambos equipos han ocupado por turno la posición ofensiva y la defensiva. El lanzador intenta confundir al bateador, lanzando la pelota con efecto y a diferentes velocidades. Cuando hace cuatro lances incorrectos, el bateador avanza una base. Si los lanzamientos son válidos y el bateador logra golpear la pelota, debe correr y tocar en orden las tres bases. Anota una carrera cuando regresa a la goma de *home* antes de que el defensor recupere la pelota. Si un defensor lleva la pelota a la base antes de que llegue el corredor, éste queda eliminado (*out*).

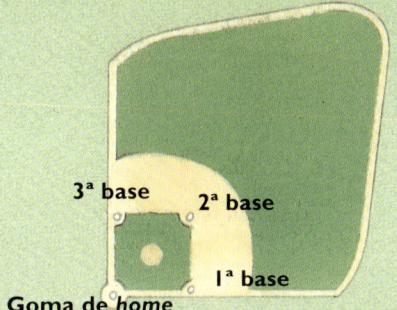

3ª base   2ª base
          1ª base
Goma de *home*

El bate es de madera maciza.

La pelota está hecha de hilo enredado sobre un centro de corcho o caucho. Está recubierta por dos bandas de cuero blanco.

Los guantes

Guante de bateador

Guante de lanzador; el de receptor tiene más relleno.

El bateador del equipo ofensivo intenta golpear la pelota con el bate.

El receptor (*catcher*) del equipo defensivo, situado atrás del bateador, se encarga de atrapar la pelota cuando el bateador falla. Lleva una careta, peto y protecciones acojinadas en las piernas.

El árbitro (*ampáyer*) lleva careta y peto. Observa si la pelota se lanzó bien, a una altura entre la rodilla y la axila del bateador y por encima de la goma de *home*, que es la base de salida y llegada del circuito para anotar las carreras.

Pelota vasca

Los jugadores a menudo se impulsan contra el muro lateral para alcanzar las pelotas altas.

Heredera del juego de pelota

La pelota vasca es la heredera del antiguo juego de pelota *(jeu de paume)* en salón y al aire libre, muy popular en Francia e Inglaterra del siglo XII al XVIII. Los vascos franceses y españoles adaptaron estos juegos y los convirtieron en su deporte favorito. Al emigrar, implantaron la pelota vasca en América Latina, Estados Unidos y Filipinas desde mediados del siglo XIX. En Francia se practica asiduamente la pelota vasca en el Suroeste, pero también en París y en la Costa Azul.

Volea o rebote

El objetivo es lanzar la pelota contra el frontón, es decir, el muro delantero, por arriba de una lámina metálica colocada a 80 cm del piso. La pelota puede golpear también en la otra pared, pero el adversario debe recuperarla de volea o después de un solo rebote en el suelo. Si un equipo no logra tomar la pelota o la envía fuera de los límites, el adversario se anota un punto. Gana el equipo que alcance primero un número determinado de puntos. Los partidos, individuales o en equipos de dos o tres jugadores, se juegan a 30, 40 o 50 puntos.

Cesta punta

La cesta punta se practica en salones cubiertos *(jai alai)* con un frontón, un muro a la izquierda y un muro de fondo. Se juega con una gran cesta o *chistera*, que puede proyectar la pelota a 300 km/h.

JUEGOS DE PELOTA

INSTALACIONES DIVERSAS

La pelota vasca, un juego de gran tradición, se desarrolla en diversas instalaciones. Se practica al aire libre o bajo techo. Se juega en un rectángulo de cemento de 25 x 80 metros. Incluye una pared delantera (frontón) contra la cual se lanza la pelota. Según las variedades, el terreno puede tener una pared lateral a la izquierda, una pared de fondo o, cuando se juega bajo techo (trinquete), cuatro paredes.

Las tradiciones vascas han llevado a desarrollar diversas especialidades que se distinguen por el instrumento con que se golpea la pelota.

AMBICIONES OLÍMPICAS

La pelota vasca se presentó como deporte de exhibición en los Juegos Olímpicos de Barcelona de 1992. Actualmente, tres especialidades aspiran a convertirse en deportes olímpicos: frontón de mano, ejercicio de fuerza que dio origen al juego; paleta, que se juega con una pelota hueca de caucho y cualquiera puede practicar; y cesta punta, la especialidad más espectacular.

Frontón de mano

Chistera (cesta de mimbre grande)

Joko garbi (cesta de mimbre pequeña)

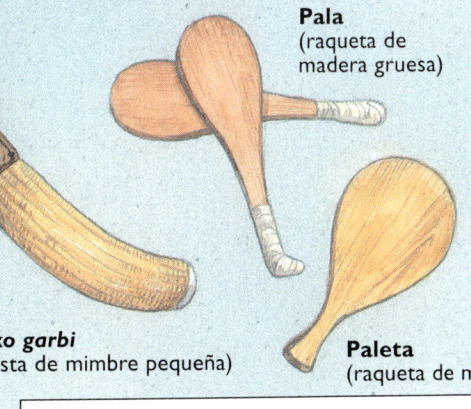

Pala (raqueta de madera gruesa)

Paleta (raqueta de madera)

DISTINTOS TIPOS DE PELOTAS

La pelota es de caucho macizo o hueco, o bien tiene un centro de caucho envuelto con hilo de lana y cubierto de cuero. Pesa de 90 a 135 gramos.

REBOTE Y PASAKA

Aún persisten dos vestigios del antiguo juego de pelota que se practican con los equipos frente a frente. El *rebote* se juega con una cesta de mimbre grande y el *pasaka* con un guante de cuero y una red entre los adversarios.

Hockey sobre césped

El *choekah* de los indios de Patagonia se jugaba con un bastón y una pelota de madera. En el transcurso del juego, los jueces a caballo azotaban a los jugadores cansados.

Un origen muy remoto

Pinturas, mosaicos y bajorrelieves muestran que, en la mayoría de las grandes civilizaciones antiguas, existieron desde mucho antes de nuestra era juegos en que se golpeaba una pelota con un bastón. En Europa, hace diez siglos se practicaban juegos semejantes, muy violentos, como el *hocquet* o el mallo en Francia, o el *hurling*, muy popular en Irlanda. Estos deportes son los antepasados del hockey sobre césped, deporte reglamentado en 1883 en Wimbledon. El término *hockey* viene del francés antiguo *hocquet*, que significa *bastón curvado*.

Duración y objetivo

El partido dura dos periodos de 35 minutos, divididos por un intermedio de 5 minutos. Cada equipo tiene once jugadores y puede efectuar tres cambios. Gana el equipo que anote más goles. Se anota un gol cuando un jugador, con el bastón o *stick*, mete la pelota en la portería desde el interior del semicírculo de 14.63 metros de diámetro trazado delante de ella.

Predominio de la India

A fines del siglo XIX, los funcionarios británicos implantaron el hockey en la India. Allí se convirtió en el deporte más popular. Se le admitió desde los Juegos Olímpicos de Londres de 1908. India dominó las competencias olímpicas de 1928 a 1960, sin perder un solo partido en treinta años. Desde entonces, Paquistán, Alemania, Australia y Nueva Zelanda han venido en ascenso. En Francia, este deporte no se practica mucho. Se juega sobre todo en París, Burdeos, Lyon y el norte del país.

El campo

El terreno debe ser muy plano para que la pelota, pequeña, ruede lo mejor posible. En el centro de las líneas de fondo hay una portería, con una red fija al marco, al suelo y a los costados para retener la pelota en su interior.

JUEGOS DE PELOTA

ESTÁ PROHIBIDO TODO CONTACTO
Dirigen el juego dos árbitros, cada uno desde una mitad del campo. Los contactos entre jugadores están prohibidos. Sólo el portero puede tocar la pelota con el cuerpo. El árbitro señala las faltas con una tarjeta verde de advertencia. Si se repite, saca una tarjeta amarilla que provoca la expulsión del jugador durante cinco minutos. Una falta grave conlleva la expulsión definitiva del culpable y se señala con tarjeta roja. Un tiro penal sanciona las faltas cometidas dentro del semicírculo. Se tira de frente a la portería, a 6.40 metros de distancia.

EQUIPAMIENTO
Debido a la potencia de los pelotazos, el portero usa protecciones.

No debe levantarse el bastón por arriba del hombro.

La pelota: debe ser blanca, forrada de cuero. El interior es de corcho recubierto de hilo.

El bastón: la cabeza debe ser de madera, con una cara plana sólo del lado izquierdo. El mango es de madera o de plástico.

HISTORIA DEL TENIS

Si bien los ingleses inventaron el tenis, se inspiraron en el antiguo juego de pelota francés. Considerado mucho tiempo como una diversión de lujo, en la actualidad el tenis es un deporte muy popular en varios países, después del fútbol.

Orígenes del tenis

Los antiguos griegos y romanos ya conocían el tenis, o cuando menos un juego de pelota similar: dos adversarios se lanzaban la pelota uno al otro, pero sin raqueta. Se considera que el verdadero antepasado del tenis es el juego de pelota francés *(jeu de paume),* que hizo furor en Francia a principios del siglo XVI. La única diferencia entre el *jeu de paume* y el tenis era la cancha: en el primero tenía forma de trapecio y en el segundo es un rectángulo.

Gran Bretaña crea el tenis

En el siglo XIX, el mayor inglés Walter Clopton Wingfield tuvo la idea de volver a popularizar el antiguo *jeu de paume* francés, que había caído en desuso. En 1874, estableció las primeras reglas del tenis y lo hizo patentar. El tenis del mayor no tardó en cautivar a la aristocracia inglesa, que instaló canchas en todos los países por donde viajaba: Australia, Estados Unidos, India y hasta la misma Francia.

Destacan los Franceses

En los años veinte, el tenis se convirtió en un verdadero deporte, con campeonatos y jugadores destacados. En Francia, cuatro jóvenes tenistas apodados "los Mosqueteros" ganaron la Copa Davis en 1927. Eran Toto Brugnon, Jean Borotra, Henri Cochet y René Lacoste. La conservaron en su poder durante seis años seguidos. Fue la época de oro del tenis francés. Las mujeres también destacaron con la campeona Suzanne Lenglen.

El tenis, deporte olímpico

El tenis ha tenido una relación espinosa con los Juegos Olímpicos. El Comité Olímpico Internacional criticó durante mucho tiempo que los jugadores de tenis fueran profesionales. El tenis, admitido en los Juegos desde 1900 y excluido en 1924, volvió a integrarse como deporte olímpico a partir de 1984, en Los Ángeles.

La Copa Davis
Creada en 1900, la Copa Davis es un campeonato muy prestigioso que se realiza en forma anual. La competencia dura todo el año y participan 16 equipos de 16 diferentes países.

Suzanne Lenglen
Fue campeona mundial de tenis a los 15 años y se convirtió en una estrella mundial en los años veinte. Su gran popularidad contribuyó mucho al movimiento de liberación femenina.

Partido de tenis a fines del siglo XIX.

El tenis en la actualidad
El tenis es un deporte que se practica bajo techo o al aire libre, sobre una cancha de dimensiones determinadas. Dos jugadores (en los partidos individuales o *singles*) o cuatro (en los partidos de dobles) se lanzan y devuelven la pelota con una raqueta de un lado a otro de la red, según reglas precisas. El objetivo es hacer que el contrario o contrarios no logren regresar la pelota dentro de los límites de la cancha opuesta.

El partido de tenis

La superficie de la cancha puede ser de arcilla, césped, madera, cemento o material sintético. Las distintas zonas se delimitan con líneas pintadas en el suelo.

Una línea de base y dos líneas laterales señalan el fondo y los lados de la cancha.

Una línea de servicio, a 6.40 metros a ambos lados de la red, limita la zona que la pelota no debe rebasar durante el servicio; una línea central, perpendicular a la red, separa los llamados cajones de servicio, en los que debe rebotar en forma alterna la pelota del saque. El jugador saca una vez a la derecha y otra a la izquierda.

Los callejones sólo se usan en los partidos de dobles.

Servicio (saque)

Golpe de derecha

Golpe de revés

El golpe de derecha
El jugador golpea la pelota del lado de la mano que sostiene la raqueta. Los diestros golpean la pelota a su derecha y los zurdos a la izquierda.

El golpe de revés
El jugador golpea la pelota del lado opuesto a la mano que sostiene la raqueta.

El servicio o saque
Situado atrás de la línea de base, el jugador que saca debe golpear la pelota por arriba de la cabeza y enviarla al llamado cajón de servicio del otro lado de la red. Tiene derecho a dos intentos. El servicio, primer golpe de cada punto, es decisivo.

JUEGOS DE PELOTA

Volea en la red
El jugador golpea la pelota antes de que rebote. Es un golpe ofensivo.

Remate
El jugador golpea la pelota por arriba de la cabeza. Así se responde a un globo.

Globo
Se golpea la pelota de manera que su trayectoria sea elevada y larga. Es un golpe defensivo.

Dejada
El jugador envía la pelota corta y con poca fuerza, de modo que caiga cerca de la red y el adversario no logre alcanzarla.

JUECES
El juez de silla es el árbitro principal durante el partido. Se encarga de hacer respetar las 40 reglas del tenis. El juez de línea verifica que la pelota no salga del terreno de juego y el juez de red, que la pelota no roce la red durante el saque.

MARCADOR
Cuando un jugador gana el primer punto, se da una anotación de 15 a su favor; si gana el segundo punto, se cuentan 30. El tercer punto se cuenta como 40 y con el cuarto punto gana el juego. Si cada uno de los jugadores lleva 3 puntos, se cuenta "40 iguales". El siguiente punto que gana un jugador se marca como *ventaja* para él. Si el mismo jugador gana dos puntos seguidos, gana el juego. Si el otro jugador gana el siguiente punto, el marcador es *iguales* y se sigue así hasta que un jugador logre dos puntos consecutivos y con ello gane el *juego*.

El jugador que gane los seis primeros juegos gana un *set*, siempre que lleve una ventaja de dos juegos sobre su adversario. Para limitar la duración de los partidos, en 1973 se introdujo una novedad: la *muerte súbita*. Si los dos jugadores empatan 6-6 en un set disputan un juego decisivo, llamado muerte súbita. Gana este juego el primero que obtenga 7 puntos, con un mínimo de dos puntos de diferencia. No se juega muerte súbita en el quinto set (el tercero en las damas). Cada partido se disputa en un máximo de cinco sets para los varones y tres para las damas.

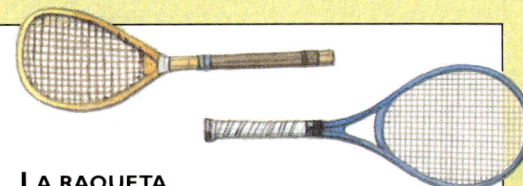

LA RAQUETA
Solía ser de madera o metal pero actualmente se fabrican raquetas con una mezcla de fibra de vidrio, carbono y, a veces, madera. El tamaño no es reglamentario. Las cuerdas, que antes eran de tripa de res o de carnero, ahora son de material sintético.

TORNEOS DE TENIS

Todos los grandes jugadores sueñan con alcanzar la cima de la clasificación internacional o clasificación ATP. Para ello, deben ganar el mayor número posible de torneos en un año. Los más importantes son los cuatro que forman el *Grand slam*: el campeonato de Wimbledon y los torneos abiertos de Francia, Estados Unidos y Australia.

TORNEO ROLAND GARROS
El estadio parisino Roland Garros se construyó en 1928 para acoger al público de la Copa Davis, defendida por los "Mosqueteros" franceses. Debe su nombre a un aviador famoso, muerto a fines de la Primera Guerra Mundial. El Torneo Abierto de Francia es uno de los más difíciles del mundo. La arcilla es una superficie lenta y pesada, donde cada punto se vuelve muy largo. Los ganadores del Roland Garros deben dar muestras de gran concentración, resistencia y paciencia.

Asisten cerca de 300 mil espectadores al torneo, realizado entre fines de mayo y principios de junio.

JUEGOS DE PELOTA

Participantes

En cada uno de los cuatro torneos intervienen los 104 mejores jugadores de la clasificación ATP, más 16 jugadores seleccionados entre los no clasificados y ocho invitados elegidos libremente por los organizadores.

Flushing Meadow

El estadio neoyorquino se construyó sobre una ciénaga. De allí su nombre *Flushing Meadow,* que significa en inglés "pradera inundada". La superficie de cemento de las canchas no es ni demasiado rápida ni demasiado lenta. Se presta para todos los tipos de juego y permite que destaquen los atacantes. Sin embargo, muchos jugadores critican el Torneo Internacional de Estados Unidos por la indisciplina de los espectadores, el reducido espacio, el calor del verano neoyorquino y, sobre todo, la excesiva comercialización. En efecto, los partidos se programan en función de las exigencias de la televisión.

Los premios

Las recompensas son proporcionales al esfuerzo. El ganador de *singles* varonil recibe, según los diferentes torneos del Grand Slam, alrededor de medio millón de dólares. En cuanto al trofeo, los vencedores no obtienen el original sino una réplica hecha de plata.

Wimbledon

Desde 1877 se realiza en Wimbledon, unos kilómetros al sureste de Londres, el Campeonato Internacional de la Gran Bretaña entre junio y julio. Es el único torneo importante del circuito profesional organizado por un club privado: el *All England.* Para los privilegiados que asisten a los partidos, Wimbledon es toda una ceremonia. Sin embargo, hay algo que puede alterar el torneo: la lluvia. Para ganar sobre el césped de Wimbledon se requiere un servicio potente y velocidad para subir a la red. Boris Becker se impuso en 1985, lanzando pelotas a más de 180 km/h.

Melbourne

Fue difícil conseguir estadio para el Torneo Abierto de Australia. La Federación Australiana de Tenis probó varias ciudades antes de optar por el Centro Nacional en Melbourne. Pero, aun en este nuevo templo del tenis, el Campeonato no ha tenido mucho éxito. La superficie sintética no le agrada a los jugadores y el público australiano muestra más interés en los deportes náuticos, como el deslizador o la vela.

Grandes tenistas

A últimas fechas, los campeones del tenis son cada vez más jóvenes. Su juego es también más agresivo y, según dicen algunos, menos imaginativo. Sin embargo, el tenis ha visto pasar desde 1945 a grandes jugadores que han cautivado al mundo con sus hazañas y su personalidad.

Arthur Robert Ashe

Chris Evert

Gracias a Billy Jean King, el tenis femenino logró un amplio reconocimiento.

ARTHUR ROBERT ASHE (1943-1993)
Este jugador estadounidense se convirtió en un símbolo: fue el primer negro en ganar un torneo del Grand slam, el Torneo Abierto de Estados Unidos, en 1968, y el primer tenista que usó ropa de color en las competencias. Ashe, contagiado de sida, aprovechó la fama en sus últimos años de vida para impulsar la investigación médica contra esta enfermedad. Murió el 6 de febrero de 1993.

BILLIE JEAN KING (1943-)
Gracias a esta tenaz estadounidense, los premios para las damas llegaron a ser casi tan cuantiosos como los varoniles. No conforme con sostener sus convicciones, también fue una campeona excepcional. Ocupó el primer lugar del mundo durante 6 años entre 1960 y 1970.

CHRIS EVERT (1954-)
MARTINA NAVRATILOVA (1956-)
Los duelos entre la estadounidense Chris y Martina, la checa naturalizada estadounidense, hicieron época en el tenis femenino. Entre 1974 y 1987 arrasaron con todas las victorias: 157 para Chris, 158 para Martina. Sin embargo, sus personalidades eran contrastantes. Con su elegancia, Chris Evert regresó la femineidad a las canchas. Por su parte, Martina Navratilova fue la primera en rodearse de una auténtica infraestructura: psiquiatra, dietista, preparador físico.

JUEGOS DE PELOTA

BJÖRN BORG (1956-)
De 1974 a 1981, este jugador sueco reinó sin disputa en el tenis internacional: seis victorias en Roland Garros, cinco en Wimbledon, dos en el torneo Masters, una en la Copa Davis. Se retiró del tenis en 1983.

JOHN McENROE (1959-)
Superbrat, "el malcriado", fue el apodo de este jugador estadounidense. Aunque es zurdo, McEnroe poseía toda clase de golpes y se desplazaba sobre la cancha con la agilidad y la velocidad de un gato. Se retiró hace poco, después de haber ocupado el primer sitio de la clasificación mundial durante cuatro años, de 1981 a 1984.

OTROS GRANDES TENISTAS
Además de los nombres mencionados, otros grandes tenistas han participado en los torneos internacionales. El francés Yannick Noah ha participado y ganado un buen número de ellos. No puede tampoco dejarse de lado al estadounidense Jimmy Connors, que durante mucho tiempo fue el gran rival de Björn Borg. La alemana Stephie Graff ha cruzado los campos en medio de la admiración del público, lo mismo el checo Iván Lendl y la española Arantxa Sánchez. En América Latina se pueden mencionar los nombres de los mexicanos Mario Llamas, Rafael Osuna y Raúl Ramírez, al igual que los de los argentinos Gabriela Sabatini y Guillermo Vilas, que ha ganado tres veces el torneo Roland Garros.

El revés con dos manos de Björn Borg venció a más de un adversario.

Yannick Noah ganó en 1983 una gran victoria en Roland Garros.

Martina Navratilova tenía un servicio muy potente.

John McEnroe era famoso por sus rabietas contra jueces, fotógrafos y espectadores.

CADA VEZ MÁS POTENTES
En los últimos 20 años, el tenis se ha convertido en un deporte atlético en el que no bastan las aptitudes técnicas. Los campeones muestran ventajas decisivas: llegan a la red en tres zancadas y sus voleas tienen una potencia, velocidad y precisión notables.

BÁDMINTON Y TENIS DE MESA

Orígenes del bádminton

Hace más de dos mil años, en Asia, se divertían intercambiando una ligera pelota de plumas con una raqueta. Mucho después, en el siglo XVI, la aristocracia francesa jugaba al *volant* usando raquetas con cuerdas de bramante aceitado o de tripa y un tapón de corcho con plumas. En 1873 un inglés muy aficionado al *volant*, el Duque de Beaufort, decidió oficializar las reglas y bautizar el juego como *badminton* por el nombre de su hogar, *Badminton House*.

Raqueta moderna, de fibras de carbono.

La raqueta golpea la base del gallito, de plástico o corcho.

La corona, de plástico o plumas de ganso, permite que el gallito vuele.

Aptitudes necesarias

A diferencia de otros juegos de pelota, el bádminton se juega sin rebote. Por ello exige velocidad y buenos reflejos. También se requiere mucha intuición para desconcertar al adversario, alternando golpes fuertes y suaves.

Reglas del juego

Los jugadores están a los lados de una red. El objetivo es lanzar el "gallito" o "volante", con ayuda de una raqueta, hacia el suelo del terreno contrario. Los partidos son individuales o *singles* (dos jugadores) o dobles (cuatro jugadores). Se dividen en dos sets, a 15 puntos cada uno (11 para las damas). Marca el punto el jugador que tiene el servicio. Si no lo logra, el servicio pasa a su adversario.

Deporte olímpico

El bádminton fue admitido en los Juegos Olímpicos por primera vez en 1992, en Barcelona. Los chinos son los mejores jugadores de bádminton. Sus principales adversarios son los indonesios y los malayos.

JUEGOS DE PELOTA

Orígenes del tenis de mesa

Este juego se creó en 1874, año en que se perfeccionó la primera pelota de caucho llena de aire comprimido. En 1890 un ex corredor inglés llevó de Estados Unidos a su país una pelota de celuloide y pensó en utilizarla para jugar al tenis de mesa. A partir de entonces se popularizó este deporte en Europa con el nombre de *ping-pong*, o pimpón, por el sonido de la pelota contra la raqueta y la mesa. Las reglas del tenis de mesa, nombre oficial del juego, se establecieron en Inglaterra en los años veinte.

Aptitudes necesarias

No es indispensable tener un cuerpo atlético para jugar tenis de mesa. En cambio, se requiere concentración, velocidad y precisión.

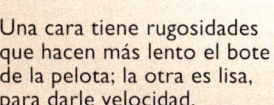

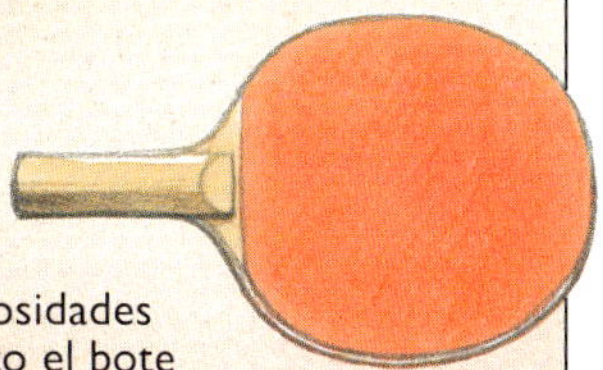

Las dos caras de la raqueta están cubiertas de caucho.

Una cara tiene rugosidades que hacen más lento el bote de la pelota; la otra es lisa, para darle velocidad.

Deporte olímpico

El tenis de mesa se incluyó por primera vez en los Juegos Olímpicos de Seúl, en 1988. Los mejores jugadores son asiáticos, pero en fechas recientes se ha visto surgir a los suecos, franceses y holandeses.

Reglas del juego

Se enfrentan dos jugadores (en *singles*) o cuatro (en dobles) a ambos lados de una mesa. Los jugadores intentan enviar la pelota de manera que rebote en la mesa del otro lado de la red y el adversario no pueda devolverla. Los partidos se juegan a tres o cinco *sets*. Cada vez que se anotan cinco puntos, el servicio cambia de jugador. Se alternan así hasta terminar el set, cuando alguno de los dos jugadores llega a 21 puntos. Si empatan en 20 puntos, uno de ellos debe obtener dos puntos de diferencia sobre su adversario para ganar el set.

El saque es la jugada que pone en movimiento el tenis de mesa.

Las artes marciales

Las artes marciales agrupan a las técnicas de combate llegadas de los países del Lejano Oriente, en particular de China y Japón. Se conciben como una filosofía de la vida y se han difundido por todo el mundo.

El arte de los samurais

Todas las artes marciales del Lejano Oriente se remontan a la antigüedad. En Japón, el conjunto de artes marciales se denomina "budo". Derivan del arte de combate de los samurais, una casta de guerreros surgida en la época feudal (siglos X y XI) cuyo código de honor se llamaba "Bushido".

Primera página del código de los samurais

Respeto por la tradición

En la actualidad, casi todas las artes marciales están reglamentadas y se han convertido en deportes. Han adquirido una dimensión moral y formativa y se suprimieron las técnicas peligrosas. No obstante, las artes marciales, antiguas técnicas guerreras, han conservado valores comunes: respeto por la tradición, honorabilidad, dominio de uno mismo, respeto hacia el adversario y hasta una etiqueta, es decir, ciertas normas de conducta como la obligación de saludar.

Un recurso defensivo

Las artes marciales son ante todo un medio para defenderse eficazmente de un agresor. Uno de sus secretos consiste en aprovechar la fuerza del adversario y atacarlo en sus puntos débiles. Estas técnicas de combate permiten dominar al contrario. Entre las más conocidas están sin duda el judo y el karate, pero existen muchas otras como tae kwon do, ken jitsu, kendo, sumo, aikido, kung fu o incluso boxeo tailandés.

DEPORTES DE COMBATE

SUMO
El sumo es la lucha tradicional japonesa. Se practica entre combatientes que pueden pesar más de 200 kg. El aspecto ritual es muy importante y los combates suelen ser espectaculares. Para ganar, es necesario hacer que el adversario pierda el equilibrio y salga del área marcada.

KENDO
El kendo es una variante de la esgrima, ya que se practica con un sable. El objetivo en los asaltos es marcar puntos golpeando al adversario con el sable en una zona autorizada del cuerpo. Para que se conceda el punto, todo el cuerpo debe estar en movimiento al momento del ataque y éste debe tener suficiente fuerza.

AIKIDO
El aikido, de origen japonés, es sobre todo un arte de disuasión y de defensa. Su técnica de entrenamiento no da lugar a competencias. El objetivo del aikido consiste en utilizar la fuerza del adversario para defenderse, inmovilizándolo o tirándolo. Todas las técnicas se basan en movimientos circulares. Los combatientes llevan la amplia "falda-pantalón" de los samurais, que permite ocultar el juego de piernas.

Kendo o camino del sable.

El sable de bambú se llama *shinai*.

Aikido o "confluencia de las energías".

Judo

El judo deriva del jiu jitsu, un arte marcial japonés practicado por los samurais. Surgió en el siglo XIX gracias a Jigoro Kano. El juego llegó a Europa a principios del siglo XX. Se le incluyó en los Juegos Olímpicos desde 1964.

El camino de la destreza

El judo es un deporte de combate sin armas que exige aptitudes físicas. Sin embargo, conservó el principio fundamental del jiu jitsu: la destreza puede vencer a la fuerza. "Judo" en japonés quiere decir "camino de la destreza". El judo permite derrotar a un adversario más pesado o con mayor fuerza física. Si bien es un deporte de ataque, también es un excelente sistema de defensa. Muchas mujeres lo practican y el judo femenil se incorporó a los Juegos Olímpicos en 1992, en Barcelona.

El combate

En las competencias de adultos (judokas de 21 años en adelante), el combate dura 5 minutos para varones y 4 para damas. Los judokas se enfrentan según categorías de edad y peso (siete en total). El combate se realiza sobre un *tatami* (tapete de judo). Para marcar un punto decisivo, es necesario hacer caer al adversario de espaldas, con fuerza y usando una técnica adecuada. Cuando no se marca ningún punto decisivo durante el tiempo reglamentario, se cuentan los puntos obtenidos por cada judoka en función de sus ataques. Si no se marcó ninguno durante el combate, el árbitro central designa al vencedor. Para tomar la decisión, consulta con los dos jueces de esquina. Gana el judoka más combativo y que haya aplicado más técnicas.

DEPORTES DE COMBATE

TÉCNICAS

El judo se practica de pie y sobre el suelo. Al estar de pie, se intenta hacer que el adversario pierda el equilibrio y caiga al suelo con la mayor rapidez posible, mediante movimientos de cadera, hombro o pierna (como ganchos). En el suelo, el objetivo es paralizar y sujetar al adversario con técnicas de inmovilización, llaves con los brazos o estrangulamiento. Pero, ¡cuidado!: en el judo no está permitida ninguna técnica peligrosa. El combate en el suelo es menos espectacular que de pie pero, a pesar de ello, el judo es un deporte sumamente popular.

La tela debe ser muy resistente porque los combatientes se tiran del traje.

EQUIPAMIENTO

El judo se practica descalzo. El atuendo del judoka, todo blanco, se llama *judogi*. Se compone de una chaqueta que cubre las caderas, un pantalón y, en el caso de las damas, una camiseta blanca también.

GRADOS

El grado se señala con el color de la cinta u *obi*. Cuanto más oscura sea, más alto es el grado. Son, en ese orden, cinta blanca, amarilla, naranja, verde, azul, marrón y negra. Entre la cinta blanca y la cinta azul se han instituido barras intermedias; por ejemplo: cinta naranja, barra verde. Los grados se obtienen en exámenes técnicos independientes de las competencias.

Karate

En sus orígenes, el karate fue un arte marcial que se desarrolló en la isla de Okinawa. Esta técnica de combate sin armas, muy espectacular y, sobre todo, de una terrible eficacia, se codificó en Japón a principios del siglo XX.

Gichin Funakoshi, uno de los creadores del karate moderno.

El arte de la mano vacía

El karate es una antigua técnica marcial. Su nombre significa "el arte de la mano vacía" (*kara:* vacía; *te:* mano). Su finalidad original era permitir que los karatekas se defendieran contra los ataques mediante las armas naturales como el codo, la mano, el pie o la rodilla. El agresor queda fuera de combate con golpes aplicados deliberadamente en puntos vitales del cuerpo. Naturalmente, los golpes en el karate moderno son controlados.

Cintas

Como en el judo, el grado del karateka se indica con el color de su cinta. Cuanto más oscura sea, es más alto el grado, a saber: blanca, amarilla, naranja, verde, azul, marrón y negra.

Técnica

Todas las técnicas fundamentales del karate se inician al esquivar, parar o bloquear un ataque del adversario. Sigue un contraataque inmediato y fulminante. Los ataques se limitan estrictamente a las siguientes superficies: cabeza, rostro, cuello, pecho, abdomen y espalda, lo cual implica que se les debe graduar y dominar con precisión.

Los *katas*

Los *katas* son el conjunto de movimientos y ademanes que el karateka repite a solas para entrenarse, en una especie de combate imaginario. Los *katas* son en cierto modo la "gramática" del karate.

DEPORTES DE COMBATE

El *kiai*

El *kiai*, que se oye en los *dojos* (salones de entrenamiento) o en las competencias, es el grito que emite el karateka. Le permite liberar su energía y poner toda su fuerza en el golpe ofensivo.

El combate

La duración del combate es de 3 minutos (2 minutos para las damas). En competencias, el combatiente intenta imponer su técnica, a la vez que se cuida de lesionar a su oponente. Sólo se toma en cuenta una técnica bien aplicada, con actitud positiva. Se obtiene la victoria cuando el combatiente marca tres *ippon*, es decir, tres ataques realizados correctamente, con potencia pero mesurados.

También se logra la victoria por descalificación del adversario (*hansoku*), derivada de ataques peligrosos o verdaderos golpes a la cabeza. Cuando no se marcó ningún punto durante el tiempo reglamentario, los jueces conceden la victoria tomando el cuenta el número de técnicas aplicadas con la actitud correcta. Si no se llega a ninguna decisión, se prolonga el combate. Gana el combatiente que anote el primer punto técnico.

Categorías

Los karatekas se enfrentan según categorías de edades y peso (de los 21 años en adelante, hay siete de varones y cuatro de damas).

Dirigen el combate un árbitro, un juez árbitro y un asesor.

Lucha

Historia de la lucha

Sin duda, la lucha es el medio más antiguo de defensa del hombre. Es un deporte de combate cuerpo a cuerpo, ligado estrechamente con tradiciones populares. Se le reglamentó durante la segunda mitad del siglo XIX bajo dos formas: lucha grecorromana y lucha libre. Ambas son deportes olímpicos.

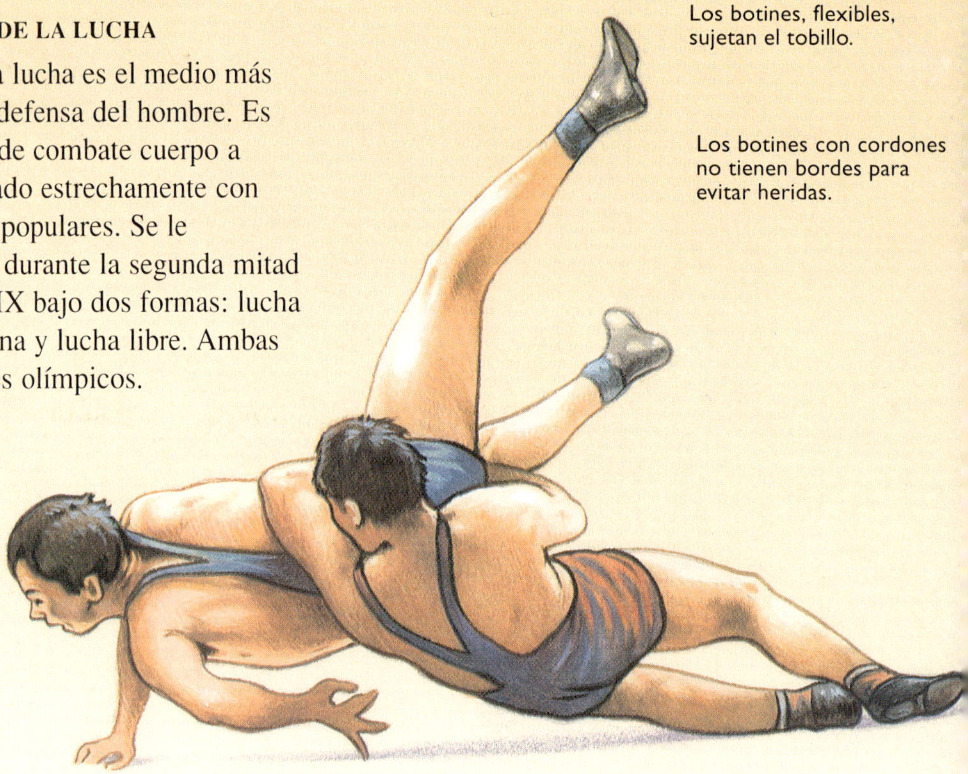

Los botines, flexibles, sujetan el tobillo.

Los botines con cordones no tienen bordes para evitar heridas.

Lucha grecorromana

Durante los combates en lucha grecorromana, sólo pueden usarse los brazos. Está prohibido sujetar al contrario abajo de la cintura. De pie o en el suelo, las técnicas destinadas a derribar al contrario e inmovilizarlo incluyen giros sobre la cadera, palancas, llaves y candados. Este estilo de lucha requiere cualidades de agilidad y destreza, pero también mucha fuerza, sobre todo en la parte superior del cuerpo.

Cintura apresada   Giro de cadera

El combate

Un combate de lucha dura 5 minutos de tiempo efectivo para los varones y 4 para las damas, sin descanso. Un juez, un presidente y un árbitro dirigen el combate. Se enfrentan dos luchadores sobre un círculo central limitado por una franja roja. Durante el combate, las técnicas se califican del 1 al 5. Las tomas de gran amplitud valen más puntos, en particular las que levantan al contrario del suelo. También son las más espectaculares. Un combate de lucha puede ganarse con una "caída", es decir, cuando los dos hombros del luchador tocan al mismo tiempo el tapete durante cierto tiempo (aproximadamente 2 segundos). Si no se gana el combate por un punto decisivo, se espera el final del tiempo reglamentario para contar los puntos obtenidos por los luchadores. En caso de empate, se prolonga el combate hasta que uno de los luchadores marque el primer punto; entonces, se le declara vencedor.

DEPORTES DE COMBATE

LUCHA LIBRE

Paradójicamente, la lucha libre sin duda se parece más a la que practicaban griegos y romanos. A diferencia de la lucha grecorromana, pueden usarse las piernas para atacar. Están permitidas todas las tomas salvo las más peligrosas. Aunque exige menos fuerza y técnica que la lucha grecorromana, la lucha libre requiere velocidad y buenos reflejos.

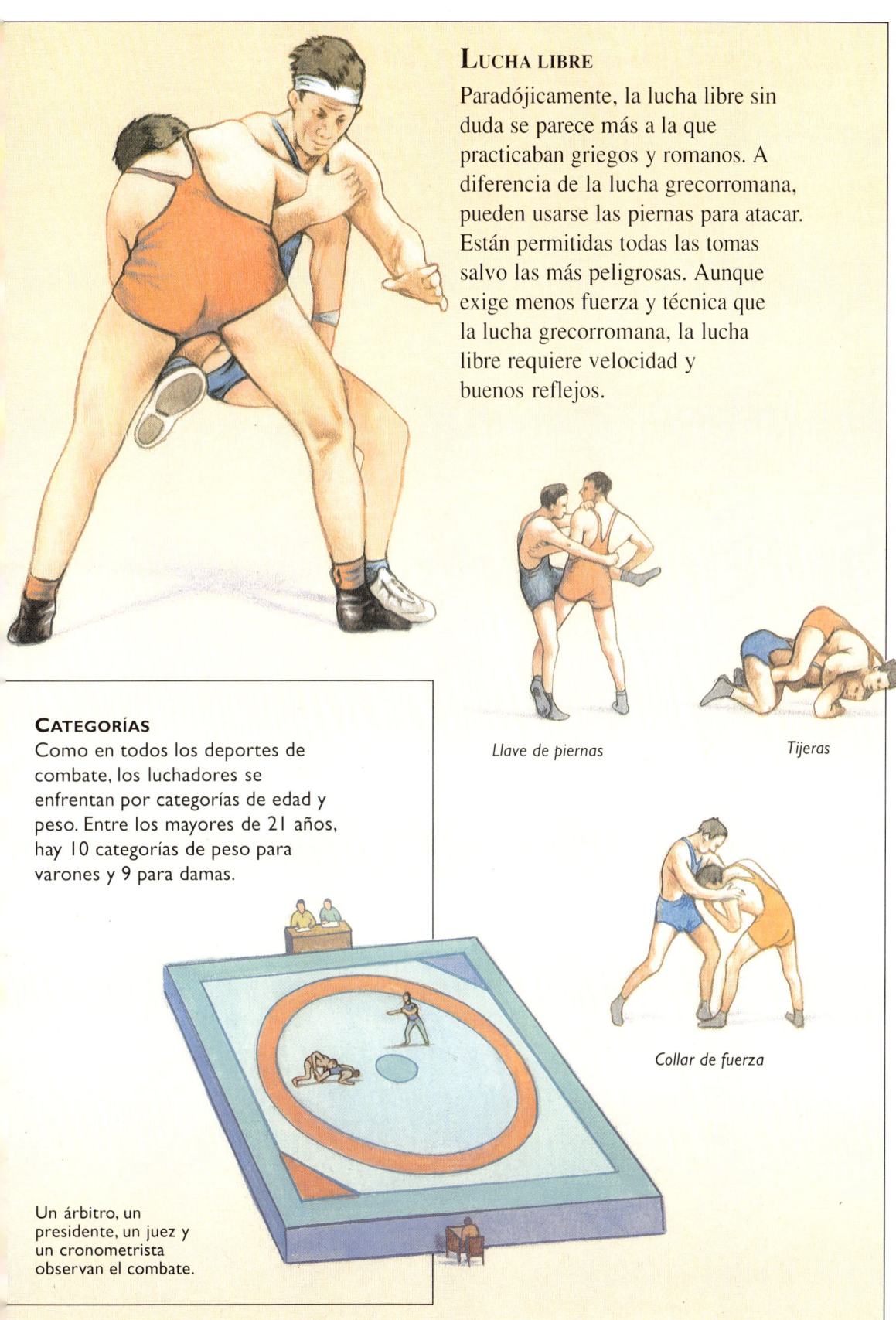

Llave de piernas

Tijeras

Collar de fuerza

CATEGORÍAS

Como en todos los deportes de combate, los luchadores se enfrentan por categorías de edad y peso. Entre los mayores de 21 años, hay 10 categorías de peso para varones y 9 para damas.

Un árbitro, un presidente, un juez y un cronometrista observan el combate.

Boxeo

Historia

El combate a puñetazos o pugilato existe desde la antigüedad. A principios del siglo XIX por influencia del marqués de Queensberry, se estableció un reglamento moderno que se convirtió así en el boxeo inglés. Se abandonó la práctica de pelear con los puños desnudos. Con el perfeccionamiento de técnicas para esquivar golpes y la utilización de guantes, los combates son menos sangrientos. Nació un auténtico deporte que fue clasificado como "arte noble". El boxeo amateur se admitió desde los Juegos Olímpicos de 1904. Este deporte es exclusivo para varones. Estados Unidos, México y otros países han tenido grandes campeones.

Cualidades de un boxeador

El boxeo exige de los practicantes gran movilidad y atención en todo momento. El boxeador, constantemente en guardia, debe mantenerse listo para esquivar los golpes de su adversario y devolverlos.

Equipamiento

Los boxeadores llevan las manos vendadas y encima unos guantes de cuero, acojinados y atados con cordones. El pantaloncillo es amplio y va sujeto con un cinturón elástico; está prohibido golpear por debajo del cinturón. Bajo el pantaloncillo, usan una concha que protege el bajo vientre y los riñones. Emplean también un protector bucal. Para los amateurs, es obligatorio un casco.

Las peleas

Los jueces suman los puntos al final de cada asalto (round). Un boxeador puede ganar por decisión, cuando logra el mayor número de puntos. También gana por nocaut (KO), cuando hace caer a su adversario y éste permanece en la lona más de 10 segundos, contados por el árbitro; por descalificación, si da golpes peligrosos o muestra mala conducta sobre el ring; por abandono, pedido por el boxeador o decidido por su entrenador, que arroja la toalla sobre el ring, o bien por decisión del árbitro, cuando considera que uno de los contrincantes ya no está en condiciones de pelear (por ejemplo, si está herido).

La técnica

En las peleas de box, se enfrentan dos adversarios a puñetazos. En el boxeo sólo están permitidos los golpes con los puños cerrados. Sólo se permite golpear en la parte superior del cuerpo, la cara y los costados de la cabeza. Están prohibidos los golpes por abajo de la cintura.

DEPORTES DE COMBATE

Duración de las peleas
La pelea se divide en varios asaltos o *rounds*. Cada uno dura un máximo de 3 minutos, con un minuto de descanso. Auxilian al árbitro de dos a cinco jueces, según el tipo de pelea, y un cronometrista encargado de sonar la campana al principio y al final de cada asalto. Al terminar la pelea, el árbitro reúne a los dos boxeadores y levanta la mano del ganador.

Categorías
Entre los amateurs hay 12 categorías por peso: desde los minimosca (menos de 48 kg) hasta los superpesados (más de 95 kg). Entre los profesionales, hay 17 categorías por peso: desde el peso paja (menos de 47.128 kg) hasta los pesos pesados (más de 86 kg).

Principales golpes ofensivos: derechazo al rostro.

Uppercut: gancho de abajo arriba al mentón.

Swing: esquiva el golpe y contesta con la izquierda al estómago.

Boxeo francés

Antecedentes

A principios del siglo XIX nació en Francia la *savate*, un tipo de combate a puntapiés. Por iniciativa de Charles Lecour, la *savate* se convirtió años después en el boxeo francés, que conjuntaba las técnicas de pies con técnicas de puños inspiradas en el boxeo. Fue un auténtico deporte nacional en Francia hasta principios del siglo XX pero lo sustituyeron las artes marciales del Lejano Oriente y el boxeo al estilo inglés.

Aptitudes

El boxeo francés exige las mismas aptitudes que los demás deportes de combate: control y dominio sobre uno mismo, velocidad y precisión. Pero, sobre todo, el boxeo francés requiere equilibrio y agilidad que permitan a los peleadores ligar rápidamente y con la mayor eficacia puñetazos y golpes con los pies.

Técnica

Existen diversas clases de golpes con el pie. Los más usados en competencias son *chassés*, *fouettés* y golpes invertidos. Puede golpearse con el pie en la cara y los costados de la cabeza, así como en todas las superficies del torso y las piernas. También se permite atacar el punto de apoyo y barrerse. El equipo del boxeador comprende zapatos flexibles hasta el tobillo, sin tacón para no lesionar al adversario, y guantes de box.

Chassée a la cara con la pierna hacia adelante
Armé: la rodilla apunta al rostro

Fouetté bajo con la pierna por atrás
Movimiento circular de pierna
Golpe con la punta del pie

DEPORTES DE COMBATE

EL COMBATE
Los boxeadores se enfrentan por lo general según categorías de edad y peso (10 para los varones y siete para las damas). Supervisa el combate un árbitro, asistido por jueces y un cronometrista. El combate se divide en asaltos (cinco para los varones y cuatro para las damas) que no rebasan los dos minutos, separados por un minuto de reposo. Se gana por puntos, nocaut, abandono o al descalificar a uno de los boxeadores, por ejemplo si emplea un golpe prohibido. También es posible declarar un empate.

Golpe con el talón
Regresa a la posición anterior

Los boxeadores también utilizan los puños, con las mismas técnicas del boxeo: derechazo, gancho, *uppercut* y *swing*.

Fauchage
Se ataca el punto de apoyo del adversario para hacerlo caer

Esgrima

Durante muchos siglos, la espada y el sable fueron armas de guerra. En el siglo XV se impusieron las armas de fuego. Entonces, los combates con espada y sable se convirtieron en una práctica deportiva. La esgrima se incluyó desde los Juegos Olímpicos de 1896.

Florete, espada y sable
La esgrima se practica con tres armas.

Florete (varones y damas)
Hoja de 90 cm, 500 g de peso. Sólo es válido el toque con la punta en la coraza metálica.

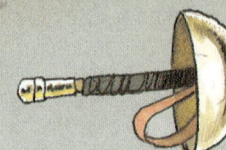

Espada (varones y damas)
Hoja de 90 cm, 770 g de peso. Es válido el toque con la punta en cualquier parte del cuerpo.

Sable (sólo varones)
Hoja de 88 cm, 500 g de peso. Es válido el toque con la punta, el filo o el canto de la hoja en cualquier punto del cuerpo por arriba de las caderas.

Rapidez y destreza

Al adoptar la máscara y utilizar armas cada vez más delgadas y flexibles, la esgrima se convirtió en un deporte de rapidez y destreza. Inicialmente se reservó para los hombres. En 1924 se iniciaron las competencias femeniles.

Equipamiento

El atuendo es blanco para observar bien los toques. Se compone de: un guante, que debe cubrir la mitad del antebrazo;

una máscara con malla metálica;

una chaqueta que cubre el torso, sobre un chaleco de tela gruesa y acojinada.

En el florete, el esgrimista lleva sobre el pecho y la espalda una coraza tejida con hilo metálico.

Florete: toque sobre el corazón.

Sable: toque en el pliegue del codo.

DEPORTES DE COMBATE

PUNTUACIÓN Y ARBITRAJE HUMANO

Los combates se realizan en dos asaltos y buena, si es necesario. Cada asalto se decide a cinco toques, con dos de ventaja, o bien a seis toques. El arbitraje está a cargo de un presidente y dos jueces, en florete y espada, o cuatro en el sable. La complejidad de las reglas y las imperfecciones del juicio humano han restado popularidad a la esgrima.

Espada: ataque y toque en la cabeza.

REGLAS COMPLEJAS

El arma se utiliza con una sola mano. El esgrimista no puede cambiar de mano durante un combate, salvo que lo autorice el árbitro. Tampoco debe dar la espalda a su adversario ni utilizar la mano desarmada. Al momento de atacar, no debe rebasar al contrario.

ARBITRAJE ELÉCTRICO

En florete y espada se emplea un sistema eléctrico. La punta del arma se conecta con el marcador luminoso por un cable, a través de la manga y la chaqueta del competidor. Un carrete permite alargar el cable sobre la pista, para no estorbar los movimientos del competidor. En el florete, el contacto de la punta con la coraza metálica del adversario enciende el indicador. En la espada, la presión del botón de la punta sobre cualquier parte del cuerpo funciona igual que un timbre eléctrico.

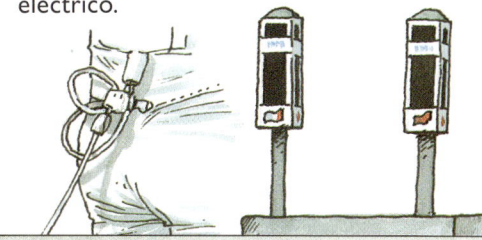

HISTORIA DE LA EQUITACIÓN

De la prehistoria a la Edad Media

Los hombres prehistóricos cazaban caballos para alimentarse. Los domesticaron hace casi 6 mil años, miles de años después que el perro, el cordero o la res. Así, el caballo se convirtió en un instrumento de tracción ideal para la agricultura. En la antigüedad, griegos y romanos lo utilizaron para la guerra, el transporte y los deportes, en particular las carreras de carros. En la Edad Media, a partir del siglo IX, se organizaron combates a caballo. Al principio eran duelos a muerte entre caballeros. Más adelante, las reglas de caballería impusieron los torneos, simples justas deportivas.

Origen de las disciplinas modernas

En el siglo IV antes de Cristo, los griegos establecieron las reglas fundamentales de la doma, tanto con fines artísticos como para acrecentar el prestigio de su caballería. La doma o *dressage* sufrió una profunda renovación entre los siglos XV y XVII. El francés Robichon de la Guérinière (1688-1751) definió la mayor parte de las figuras practicadas en la actualidad. Esta prueba se admitió desde los Juegos Olímpicos de 1912 en Estocolmo.

El salto de obstáculos se originó en Inglaterra a fines del siglo XIX. Esta disciplina deriva de la montería, que se practicaba a caballo a campo traviesa y en la cual los jinetes debían franquear numerosos obstáculos naturales. El salto de obstáculos fue el primer deporte hípico admitido en unos Juegos Olímpicos, en París en 1900.

EQUITACIÓN

GRANDES ESCUELAS DE EQUITACIÓN

Al aparecer las armas de fuego ligeras en el siglo XVI, los caballeros abandonaron sus pesadas armaduras. Se sustituyó a los fuertes caballos de batalla por otros más rápidos. La equitación se convirtió en un arte en que la forma de montar es lo primordial. Las dos principales escuelas de equitación, la escuela hípica de Saumur y la escuela española de Viena, reservadas originalmente para militares, se abrieron poco a poco a la equitación como deporte. Los jinetes aprenden un arte ecuestre que consiste en realizar a caballo figuras similares al baile.

Escuela de equitación de Saumur

CARRERAS DE CABALLOS

El primer caballo apareció hace 60 millones de años. En esa época, había una sola raza. Hace dos mil años apenas existían tres: el árabe, el bereber del norte de África y el andaluz, aparecidas espontáneamente por adaptación al medio. A fin de lograr caballos más aptos para realizar determinadas tareas (agricultura, transporte, deportes hípicos), el hombre tuvo la idea de cruzar estas tres razas. En la actualidad existen más de 80 razas diferentes.

La prueba combinada se inspiró en una competencia militar, creada a principios del siglo XX, que incluía una competencia de doma, una carrera de 48 kilómetros a campo traviesa y un concurso de salto de obstáculos. Admitida en los Juegos Olímpicos desde 1912, estuvo reservada durante mucho tiempo para militares. Se abrió para civiles a partir de 1945.

Competencias de equitación

La doma, el salto de obstáculos y la prueba combinada están incluidos en los Juegos Olímpicos. Las carreras de caballos no participan ya que se trata de un juego y no de un deporte.

Doma o *dressage*

La prueba consiste en una demostración de aires y ejercicios en el picadero: vuelta, media vuelta, cambio de aire, cambio de pata, etc. Estas figuras se ejecutan de memoria en un tiempo limitado. La competencia tiene lugar en un terreno plano cubierto de arena.

Calificación

El jurado asigna a cada figura una calificación del 1 al 10. Se califica tanto al caballo por su aire, su paso y su obediencia como al jinete por la postura. El jinete puede adoptar el estilo que prefiera, siempre que demuestre gran dominio del arte. En cuanto al caballo, sus cualidades físicas (musculatura y vigor) no pueden compensar la menor imperfección estética.

El caballo debe mostrar obediencia y soltura pero también elegancia.

Prueba combinada

Hay distintas versiones de esta prueba, según tipo de jinete, edad y desempeño de los caballos. La de más alto nivel es la "prueba de los tres días". Se compone así:

1er día: prueba de doma.

2º día: prueba de fondo, en cuatro etapas:
- Etapa 1: recorrido de 6 mil 500 metros al trote, por caminos y senderos.
- Etapa 2: *steeple-chase* de 3 mil 450 metros, con 10 obstáculos de poca altura.
- Etapa 3: recorrido de 12 mil metros al trote, por caminos y senderos.
- Etapa 4: recorrido a campo traviesa de 7 mil 700 metros, al galope, con 35 obstáculos diversos.

3er día: prueba de salto de obstáculos en un recorrido artificial sinuoso, de 800 metros, con 12 obstáculos que incluyen un río.

Etapa 1

Aptitudes necesarias

Tanto el jinete como el caballo requieren cualidades de resistencia y temple. Durante la competencia, un veterinario examina al caballo para cerciorarse de que el animal puede seguir adelante.

EQUITACIÓN

Salto de un muro con elementos móviles.

Se ha conservado el atuendo de caza.

Salto de obstáculos

Esta prueba consiste en efectuar un recorrido sembrado de obstáculos como el óxer (dos barras superpuestas), el óxer de barras cruzadas (en forma de X) o el seto con valla (una barra arriba de un seto). Debe saltarse cada obstáculo en el orden prescrito y en un mínimo de tiempo.

Aptitudes necesarias

Para tener éxito, el jinete no sólo debe saltar todos los obstáculos sino hacer un recorrido sin faltas. Caídas de caballo o jinete, que el caballo rehuse saltar o tire un obstáculo cuestan cada una de 3 a 8 puntos de penalización. Si el caballo rehusa tres veces, queda eliminado. Son indispensables buena concentración y una excelente memoria.

En cada etapa, los jinetes reciben puntos de castigo por cada segundo de retraso respecto al tiempo preestablecido.

Etapa 4

POLO Y PATO

ORÍGENES DEL POLO

El polo es el deporte hípico más antiguo. Los chinos ya lo jugaban en el siglo VII antes de Cristo, con una pelota de piel de yak llena de salvado. Esta tradición persistía en India en el siglo XIX. Fue entonces cuando el ejército británico descubrió aquel deporte extraño y lo llevó a Europa.

REGLAS DEL JUEGO

El polo se juega entre equipos de cuatro jinetes. El partido se divide en 4, 5, 6 u 8 periodos de 7 minutos y medio. El objetivo es meter la pelota, hecha de bambú o de madera de abedul, entre las porterías situadas al fondo del terreno contrario. El equipo que anota más goles gana el partido.

EQUIPAMIENTO

Cada jinete lleva una maza de bambú, que sostiene obligatoriamente con la mano derecha. Debido al riesgo de choques, los jugadores usan casco y rodilleras. Estas no deben tener hebillas, para evitar lesiones a los contrarios. Los caballos llevan las patas protegidas con polainas, vendas elásticas o campanas de caucho. En los cascos llevan herraduras antiderrapantes. Durante el partido, se cambian periódicamente los caballos para que descansen.

EQUITACIÓN

El cruel origen del "pato"

Hasta principios del siglo XX, este juego de origen argentino era una práctica cruel. El objeto era que los jinetes se apoderaran de una bolsa de cuero dentro de la cual estaba cosido un pato vivo.

Reglas del juego

El pato se juega entre dos equipos de cuatro jinetes. Los jugadores se lanzan un balón, provisto con seis asas de cuero para poder recogerlo si cae al suelo y para arrancarlo más fácilmente de las manos del contrario. El partido se divide en dos periodos de 10 minutos. El objetivo es arrojar el balón dentro de una canasta circular provista de una red, semejante a la del baloncesto, que se encuentra en el campo opuesto. Cada vez que se anota un gol, el equipo consigue un punto.

Equipamiento especial
La silla de montar tiene estribos especiales que permiten al jinete inclinarse para recoger el balón sin riesgo de caer.

HISTORIA DEL ESQUÍ EN NIEVE

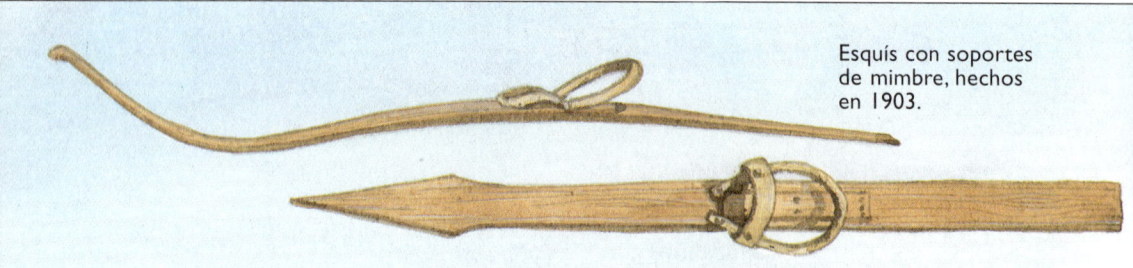

Esquís con soportes de mimbre, hechos en 1903.

El esquí es un medio de locomoción más antiguo que la rueda. Sus orígenes se remontan al centro de Asia, más de 4 mil años antes de nuestra era. Desde allí se extendió al norte de Europa. En Estocolmo se exhibe un esquí fabricado 3 mil años antes de Cristo. Hasta el siglo XIX, el esquí era un artefacto utilitario para desplazarse sobre la nieve.

Los inicios en Noruega

En la segunda mitad del siglo XIX, el esquí adquiere un carácter deportivo. Noruega organiza las primeras carreras de fondo sobre esquís y competencias de salto en esquís sobre trampolines. Además, el cruce de Groenlandia en esquís realizado en 1888 por Nansen logró intensa resonancia y señaló el inicio de las grandes expediciones.

En 1900, los escandinavos crearon los Juegos Nórdicos, donde figuraron básicamente carreras de fondo sobre esquís y competencias de salto en esquís.

NIEVE, HIELO Y MONTAÑA

Cazadores alpinos a principios de siglo.

INGLESES EN LOS ALPES

El esquí se arraigó en Francia gracias a los cazadores del ejército de los Alpes. En 1904, se fundó en Brainçon una escuela militar de esquí. En 1909 se efectuaron competencias de descenso en Montgenèvre. Sin embargo, fue el inglés Sir Arnold Lunn quien, a principios del siglo XX, reglamentó el esquí alpino en Austria, Suiza y Francia al organizar pruebas de descenso y de eslálom, propias para las abruptas pendientes de los Alpes.

ESQUÍ OLÍMPICO

Francia organizó los primeros Juegos Olímpicos de invierno en Chamonix, en 1924, pocos meses antes de los Juegos Olímpicos de verano en París. En aquellos primeros Juegos de invierno sólo participaron 294 competidores de 16 países. El programa incluía únicamente esquí de fondo, salto en esquís, patinaje artístico y de velocidad y hockey sobre hielo. El esquí alpino se incorporó al programa olímpico en 1948, en Saint Moritz, con descenso y eslálom. La organización de la Copa del Mundo, a partir de 1967, contribuyó también a internacionalizar el esquí.

Esquí alpino en los años veinte.

UN DEPORTE DE LUJO

En sus inicios, el esquí alpino se reservaba para los clientes ricos de las estaciones de invierno, que surgieron a partir de 1920. Los esquiadores debían subir las pendientes con pieles de foca sobre los esquís. Después de 1950, el esquí alpino se popularizó gracias a la creación de numerosas estaciones y a la aparición de telesquís, que permiten subir las pendientes fácil y rápidamente y, por consiguiente, esquiar mucho más.

MÚLTIPLES ESPECIALIDADES

Después de 1945 se crearon otras especialidades. El esquí alpino, limitado antes a descenso y eslálom, se abrió a dos pruebas nuevas: eslálom gigante y supergigante. El esquí nórdico incluía las especialidades de esquí de fondo y salto en esquís, pero también dos pruebas que ligaban ambas especialidades: el combinado nórdico (salto y carrera de fondo en esquís) y el biatlón (carrera de fondo en esquís y tiro con carabina). En fecha reciente aparecieron dos disciplinas nuevas: el esquí artístico y el esquí de velocidad.

Descenso y súper gigante

Un desnivel pronunciado

El descenso es la prueba más natural del esquí alpino. Consiste en bajar sobre esquís por una ancha pista que incluye tramos rectos y curvas muy abiertas. La pista se delimita con puertas que el esquiador debe franquear. El desnivel es pronunciado, de 500 a mil metros, y la distancia varía de 2.5 a 4 kilómetros para los varones. Para las damas, el desnivel es de 500 a 700 metros y la longitud va de 2 a 3.5 kilómetros. La prueba de descenso, muy exigente en el aspecto físico, se lleva a cabo de una sola vez. Gana el competidor que hace el tiempo más corto.

Pistas clásicas

Debido a su pronunciado desnivel y a su longitud, las pistas de descenso requieren de sitios especiales y un intenso trabajo de desmonte. Por ello, su número es limitado. Las más clásicas son la O.K. (Oreiller-Killy) en Val d'Isère, Francia; la Hahnenkamm en Kitbühel, Austria, y la Lauberhorn en Wengen, Suiza.

Austríacos y suizos

Los países alpinos, que tienen las mejores pistas y la tradición más arraigada, dominan el descenso. Los austríacos y los suizos han sido los campeones desde hace 20 años, en tanto que los franceses siguen buscando un sucesor de Jean Claude Killy, campeón mundial en 1966 y 1968 y campeón olímpico en 1968.

NIEVE, HIELO Y MONTAÑA

El descenso exige aptitudes físicas excepcionales, sobre todo fuerza, además de gran audacia. En ciertos tramos, el esquiador puede llegar a los 140 km/h.

La posición de huevo
El esquiador debe adoptar una postura aerodinámica para oponer la menor resistencia al aire. El francés Jean Vuarnet, campeón olímpico en 1960, perfeccionó la llamada "posición de huevo". El competidor lleva las piernas separadas y flexionadas, el cuerpo paralelo a los esquís, la cabeza baja y los bastones recogidos a los costados del cuerpo. Queda entonces agazapado en una posición semejante a un huevo.

El súper gigante
Para diversificar las pruebas alpinas, en los Juegos Olímpicos de 1988 en Calgary se introdujo el súper gigante. El primer ganador de esta prueba fue el francés Franck Picard. El llamado "súper G" es similar al descenso pero su trayecto tiene más curvas y el desnivel, de 500 a 650 metros, es menos pronunciado.

Una menor velocidad
El atuendo de los esquiadores de súper G es idéntico al de descenso. Por su menor velocidad, el súper G requiere menos audacia pero más técnica. Siguen predominando los esquiadores rápidos, pero no son indispensables la fuerza ni el peso. Por ello, esquiadores más ligeros y de mejor técnica compiten con especialistas en descenso. Como las pistas son más fáciles de construir, en el súper G han destacado campeones de muy diversos países.

Un laboratorio de investigación
Las competencias han dado origen a numerosas innovaciones en materia de equipamiento. El empeño por alcanzar una velocidad cada vez mayor ha llevado a perfeccionar cascos aerodinámicos y trajes de tejidos sintéticos que ofrecen menor resistencia al aire. También se diseñaron soportes articulados en lugar de fijos. Esto permite que los esquís se suelten al momento de un impacto, para evitar lesiones. Además, al sustituir la madera con materiales artificiales se ha logrado que los esquís se deslicen mejor.

Eslálom y esquí de velocidad

Un recorrido sinuoso

El nombre "eslálom" viene del noruego *sla*, que significa pendiente, y *lom*, huella. Tanto el eslálom gigante como el eslálom especial se realizan en pendientes intermedias, con un trayecto sinuoso delimitado por puertas que los esquiadores deben franquear. Las pruebas se disputan en dos partes, sobre dos recorridos distintos. El orden de salida en la segunda parte es el inverso que en la primera. Los lugares se determinan sumando el tiempo de ambas partes. Se elimina a los competidores que no terminen alguna de las partes.

Postes articulados

Para las dos formas de eslálom, los competidores emplean esquís más flexibles y cortos que para el descenso y el súper G. La postura del esquiador es más erguida que en el súper gigante, con objeto de tomar mejor las curvas. Como los postes son flexibles y están articulados, los esquiadores pasan muy cerca y los apartan con los brazos, las piernas o hasta el rostro.

Eslálom gigante

Con la reciente creación del súper G, que se intercala entre el descenso y el eslálom gigante, se acentuó el carácter técnico de este último. Hay menos líneas rectas y las curvas se hicieron más cerradas. La pista debe tener un desnivel de 250 a 400 metros e incluir cuando menos 30 puertas. La carrera debe durar un mínimo de 1'15". Como llevan menos velocidad que en las pruebas anteriores, las caídas son menos peligrosas y los competidores con frecuencia no usan casco.

Protector de plástico para el rostro.

Guantes acojinados, reforzados con una concha plástica.

Espinilleras

Los bastones rectos ayudan a mantener el equilibrio.

NIEVE, HIELO Y MONTAÑA

ESLÁLOM ESPECIAL

Es la competencia menos rápida. Las puertas están muy cerca unas de otras y el esquiador debe ligar una serie de curvas. Intenta pasar lo más cerca posible de los postes, para cubrir la distancia mínima. El desnivel de la pista es de 140 a 220 metros (120 a 180 metros para las damas), y el trazo debe incluir de 55 a 75 puertas (45 a 60 para las damas). Son cruciales la técnica de la curva, la agilidad y los reflejos.

ESQUÍ DE VELOCIDAD

Las primeras carreras de velocidad en pistas rectas especiales se efectuaron en 1870, en Estados Unidos. En 1931 se convirtieron en pruebas oficiales. La carrera de velocidad extrema, exclusiva para varones, se admitió a partir de los Juegos Olímpicos de Albertville en 1992. La pista, de 1 700 a 1 800 metros de largo, es perfectamente plana. Tiene un desnivel entre 500 y 600 metros. La velocidad se mide con celdas fotoelectrónicas después de 800 a 900 metros de carrera, en un tramo de 100 metros, y con frecuencia rebasa los 220 km/h.

ESQUÍ DE FONDO, BIATLÓN Y COMBINADO NÓRDICO

CARRERAS DE FONDO SOBRE ESQUÍS

El esquí de fondo es el esquí original. En un terreno poco accidentado, los esquiadores de fondo participan en carreras sobre distancias que van de 10 a 50 kilómetros para los varones y de 5 a 30 kilómetros para las damas. La práctica del esquí de fondo es simple, ya que se parece a la marcha. Sin embargo, requiere enorme resistencia. Hay dos tipos de competencias. En ciertas pruebas, la salida es individual, con 30 segundos de intervalo. En las pruebas de conjunto, los competidores arrancan todos juntos. En ambos casos, la clasificación de la llegada depende del tiempo.

En el estilo clásico, el esquiador desliza los esquís en forma paralela sobre unas huellas profundas marcadas en la nieve.

En el estilo libre, llamado "paso de patinador", el esquiador desliza los esquís en forma oblicua sobre una pista apisonada y plana.

EQUIPO

Los esquís de fondo son más angostos, ligeros y largos que los del esquí alpino. Los zapatos son flexibles, semejantes a tenis, bajos en el estilo clásico y altos en el estilo libre, para proteger los tobillos. Van montados con soportes que dejan libre el talón.

Estilo clásico: zapatos bajos.

Estilo libre: zapatos altos.

DOS ESTILOS

El principio del esquí de fondo consiste en deslizarse de modo alterno sobre cada esquí. Hay un estilo clásico y un estilo libre. El estilo libre permite mayor velocidad que el clásico. En los Juegos Olímpicos se incluyen ambos. Hay pruebas de 15 y 30 kilómetros de clásico y 50 kilómetros de libre para varones; también, 5 y 15 kilómetros de clásico y 30 kilómetros de libre para damas. El recorrido incluye un tercio plano, un tercio de subida y un tercio de bajada.

NIEVE, HIELO Y MONTAÑA

La dificultad del combinado nórdico reside en conjuntar dos especialidades diferentes.

COMBINADO NÓRDICO

El primer día, los competidores efectúan tres saltos sobre un trampolín de 90 metros. Se toman en cuenta los dos mejores. El segundo día, el saltador mejor clasificado arranca en primer lugar para una carrera de 15 kilómetros. La salida se escalona según el sitio obtenido en el salto, con diferencia de 1 segundo por cada 0.15 segundos de retraso respecto al primero. Así, la clasificación final se logra según el orden de llegada en la carrera.

BIATLÓN

El biatlón combina carreras de fondo en esquís y una prueba de tiro. Se inició como una carrera de demostración entre patrullas militares, en los Juegos de 1924, y se admitió para competencia a partir de 1960. El fusil militar se sustituye con una carabina Long Rifle 22, más ligera. Las carreras de 10 y 20 kilómetros (7.5 y 15 kilómetros para las damas) incluyen varias paradas en puestos de tiro. De frente a un blanco situado a 50 metros, el tirador debe realizar un tiro de pie y uno tendido sobre la nieve en los 10 kilómetros, y dos tiros de pie y dos tendido en los 20 kilómetros. Cada tiro errado conlleva una penalización: en los 10 kilómetros, el competidor debe cubrir 300 metros adicionales. En los 20 kilómetros, se agrega un minuto a su tiempo efectivo.

Para el atleta, la dificultad del biatlón consiste en concentrarse para tirar, ya que el esfuerzo de la carrera hace aumentar su pulso hasta 160 por minuto.

SALTO EN ESQUÍS Y ESQUÍ ACROBÁTICO

Estilo clásico

Estilo en V

SALTO EN ESQUÍS
El saltador se lanza desde lo alto de un trampolín, sin bastones y agazapado para lograr la mayor velocidad. Debe saltar lo más lejos posible, manteniendo un estilo armonioso, y aterrizar sin perder el equilibrio. Cada participante en una competencia realiza dos saltos. Las dos calificaciones se suman para obtener el resultado final.

LONGITUD Y ESTILO
El competidor realiza dos saltos, calificados en función de dos criterios. El primero es la longitud. Aterrizar en el punto K vale 60, y se restan puntos cuando el saltador cae antes del punto K. Después se suma una calificación de estilo. Gana el competidor que obtiene la nota más alta.

DOS ESTILOS
Los saltadores emplean el estilo clásico, con los esquís paralelos, o el estilo en V, admitido en fecha reciente, con los esquís en posición oblicua. Este último da mayor impulso y alarga el salto unos 5 metros respecto al estilo clásico. Finlandia ha dado grandes saltadores, entre los que destacan Nykaenen y Nieminen.

EL PUNTO K
Hay dos pruebas de salto: en trampolín de 90 metros y en trampolín de 120 metros. Estas medidas no indican la altura del trampolín sino la distancia entre la salida del trampolín y el punto K, que señala el sitio más allá del cual la pista se encorva y la caída se vuelve escabrosa. Así pues, el saltador debe graduar su salto para caer lo más cerca posible del punto K sin rebasarlo. La pista termina con una vasta zona plana para frenar.

NIEVE, HIELO Y MONTAÑA

Esquí acrobático

El esquí acrobático, que agrupa la prueba de las "dunas" y el salto, se reconoció oficialmente en el Campeonato Mundial de 1986. Apareció como deporte de exhibición en los Juegos Olímpicos de 1988. En los Juegos de Albertville de 1992 se admitió en el programa oficial la prueba de dunas y, en los de 1994, el salto.

Salto acrobático

La prueba de salto se efectúa en pequeños trampolines, de tres a cuatro metros de alto, muy inclinados. Los saltos, simples o mortales, se califican según su altura, grado de dificultad, ejecución y aterrizaje.

Prueba de "dunas"

Esta prueba, para hombres y mujeres, se efectúa en una pista de 250 m de largo cubierta con dunas de 1 metro de alto. Los participantes deben realizar 60 virajes en 35 segundos (45 segundos para las mujeres). Las pruebas se disputan en duelos dobles. Los ejercicios se acompañan con música.

Velocidad y técnica

El esquiador debe bajar en zigzag entre las dunas y realizar dos saltos entre el primer tercio del recorrido y el último. Estos saltos son muy acrobáticos. Incluyen, por ejemplo, el helicóptero, que consiste en despegar y dar una vuelta completa sobre el propio eje. El jurado otorga la calificación final tomando en cuenta la velocidad para 25%, la dificultad de los saltos para 25% y la ejecución técnica para 50%.

149

Bobsleigh y trineo

Bobsleigh en 1921

Estadounidenses y suizos

El *bobsleigh* deriva de los artefactos que utilizaban los leñadores estadounidenses para desplazarse sobre la nieve. Es un trineo provisto de cuatro cuchillas o patines metálicos. Los dos patines delanteros son móviles, para dirigirlos. El aparato cuenta con frenos y un volante de dirección. Bajo el impulso de los suizos, el *bobsleigh* se convirtió en deporte en Davos, en 1889. Se inscribió en los Juegos Olímpicos desde 1924.

Competencias

Las competencias, exclusivas de hombres, se disputan en dos vueltas para el *bobsleigh* doble y en cuatro vueltas para el de cuatro competidores. El objetivo es recorrer la pista de hielo lo más rápidamente posible. Los tiempos logrados en cada descenso se suman para dar un resultado final.

Más de 100 kilómetros por hora

La pista, de apenas 1.40 metros de ancho, está bordeada por altas paredes de hielo para que el *bobsleigh*, que alcanza velocidades de hasta 120 km/h, no pueda salir. Tiene cuando menos 1.5 kilómetros de longitud y 120 metros de desnivel, con numerosas curvas. No existen más que trece pistas en el mundo porque son muy costosas.

Los competidores deben ser fuertes y rápidos para empujar el *bobsleigh* al arrancar, aproximadamente 50 metros, y lanzarlo a la mayor velocidad posible.

NIEVE, HIELO Y MONTAÑA

Un origen muy antiguo

El trineo fue el primer medio de locomoción, mucho antes de la invención de la rueda. Es una plancha con patines fijos que se dirige con los pies. El trineo se convirtió en deporte de competencia en Davos, en 1913. Este deporte, que se practica en pistas artificiales diseñadas especialmente, se desarrolló con rapidez gracias a lo sencillo del vehículo. El trineo fue admitido en los Juegos Olímpicos desde 1964.

El trineo en 1911, como actividad de recreo.

Competencias

El programa olímpico incluye pruebas de trineo monoplaza para varones y damas y biplaza para varones. Las competencias de monoplaza se realizan en cuatro vueltas y las de biplaza en dos. Las pistas de trineo, de 92 o 112 metros de desnivel, tienen aproximadamente un kilómetro de largo y 14 o 16 curvas.

Equipamiento

Para rebasar los 100 km/h, los competidores necesitan ser pesados: a mayor peso, mayor velocidad. Llevan un casco con visera transparente incorporada, para ofrecer menos resistencia al aire. El traje de una sola pieza, muy ceñido, está plastificado y cubre también manos y pies.

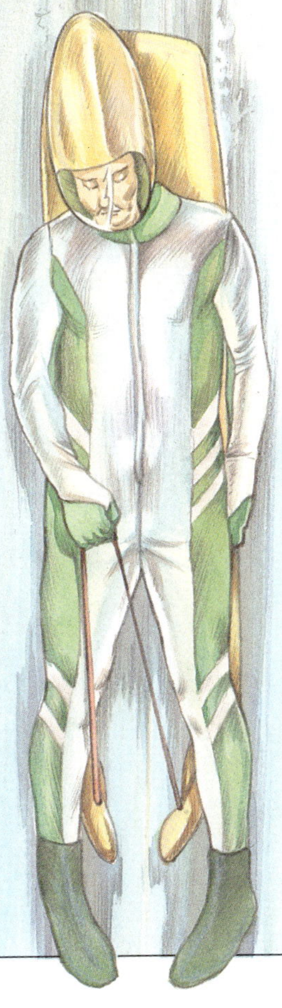

PATINAJE ARTÍSTICO

Patines del siglo XIX

ORÍGENES

Los primeros patines se fabricaron con hueso hace miles de años. Eran objetos utilitarios que permitían desplazarse sobre los lagos congelados. El patinaje de competencia nació en los canales congelados de los Países Bajos durante el siglo XVI. Se desarrolló en el centro de Europa, Rusia y América del Norte. Los carpinteros holandeses que trabajaban en el palacio de Versalles lo introdujeron en Francia.

PRIMERAS COMPETENCIAS

A partir de 1860, el estadounidense Jackson Haynes adaptó la danza clásica para crear el patinaje artístico. El primer Campeonato Mundial tuvo lugar en San Petersburgo en 1896. El patinaje artístico, que fue admitido en los Juegos Olímpicos de verano desde 1908, formó parte de los primeros Juegos de invierno en 1924.

PATINAJE INDIVIDUAL

Las competencias de patinaje individual comprenden dos pruebas con acompañamiento musical: un programa técnico durante el cual el patinador, hombre o mujer, debe ejecutar cierto número de saltos y de figuras clásicas, y un programa libre, en que el patinador realiza los ejercicios de su elección.

Salto

Igual que la gimnasia, el patinaje cada vez es más acrobático y atlético.

Pirueta

Los patines tienen una hoja excéntrica hacia el interior, con dientes en los extremos para los saltos y las piruetas.

NIEVE, HIELO Y MONTAÑA

Pruebas de parejas

• PATINAJE DE PAREJAS
Esta prueba se oficializó en 1908. La pareja realiza figuras (saltos, piruetas, espirales y otras). Comprende un programa técnico y uno libre.

• BAILE DE PAREJAS
Esta competencia, admitida desde los Juegos Olímpicos de 1952, incluye un programa con dos bailes tradicionales (vals, fox-trot, rumba, paso doble, etc.), uno de creación propia y un programa libre.

Figura libre

El patinaje de parejas exige una sincronía perfecta.

En el baile sobre hielo se realizan menos saltos pero se requiere una mayor expresión artística.

Baile de creación propia

Espiral

Calificaciones
Nueve jueces califican a los patinadores de 0 a 6. Asignan dos notas, una para mérito técnico, multiplicada por el coeficiente 0.5, y otra para expresión artística, multiplicada por 1. Así pues, la nota técnica representa un tercio y la artística, dos tercios.

Patinaje de velocidad y hockey sobre hielo

Los corredores usan los brazos como balancines para mantener el equilibrio en las curvas.

Los patines de velocidad tienen la hoja recta y centrada.

Carreras de velocidad

El patinaje de velocidad, admitido desde los Juegos de invierno de 1924, se efectúa al aire libre, sobre una pista circular de 400 metros con dos carriles. Los participantes compiten de dos en dos y corren por turnos en el carril interior y el exterior. Se clasifican según su tiempo. Hay pruebas de 500 a 10 mil metros para varones y de 500 a 5 mil metros para damas.

Carrera corta (SHORT TRACK)

Ya que el clima a menudo dificultaba el patinaje al aire libre, se desarrollaron competencias bajo techo en pistas cortas, de 111 metros, llamadas *short track*. Son muy espectaculares, ya que se enfrentan de cuatro a ocho competidores. Hay gran peligro de caer porque los corredores pueden rebasar a sus adversarios.

Los patines de pista corta tienen la hoja excéntrica y encorvada en el sentido de las curvas. Los corredores llevan casco y protecciones en cuello, codos y rodillas.

En las curvas, la mano se apoya en el hielo.

NIEVE, HIELO Y MONTAÑA

De origen canadiense

El hockey sobre hielo fue reglamentado por militares canadienses en 1885. Se incorporó a los Juegos Olímpicos de verano desde 1920. A partir de 1924, está en el programa de los Juegos de invierno. Se enfrentan equipos de seis jugadores sobre una pista de hielo. Como hay numerosos reemplazos, cada equipo cuenta con veinte jugadores. Para anotar un gol, hay que meter el disco en la portería contraria impulsado con el palo. Gana el equipo que anota más goles. Rusia, Canadá y Estados Unidos han dominado las competencias internacionales.

Sanciones

El partido se juega en tres tercios, cada uno de 20 minutos de tiempo efectivo. Dirigen el juego tres árbitros; el principal se encarga de dictar los castigos. Las faltas se sancionan con periodos de 2, 5 o 10 minutos en la banca.

Un deporte rudo

El hockey es un deporte rudo, reservado a los varones. Está permitido golpear, y los jugadores a menudo alcanzan los 60 km/h. Para protegerse, usan casco, hombreras, coderas, guantes y espinilleras. Como el disco alcanza velocidades de casi 200 km/h, el portero emplea equipo especial: peto, protectores acojinados para las piernas, un casco con careta y guantes especiales.

Casco de jugador

La hoja del patín de hockey es corta y gruesa.

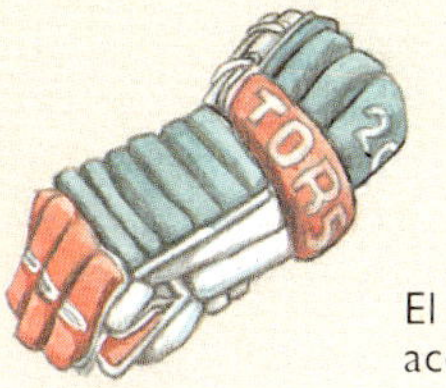

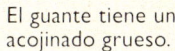

El guante tiene un acojinado grueso.

Alpinismo y escalada

La cordada
Los alpinistas avanzan en cordada, atados con una misma soga, para limitar las caídas o impedir que alguien caiga hasta el fondo de una grieta. Pueden encordarse dos, tres, cuatro o seis; se llama entonces "cordada ciempiés". Para obtener puntos de fijación seguros, los montañistas clavan en la pared pitones por donde pasan la soga.

Nacimiento del alpinismo
Durante siglos, los hombres no osaron aventurarse en las montañas altas. Hasta el siglo XVIII, geógrafos y geólogos emprendieron la exploración de los macizos montañosos y, pronto, el placer sustituyó al espíritu científico: había nacido el alpinismo. En 1786 un guía francés, Jacques Balmat, logró el primer ascenso al Monte Blanco (4 mil 807 metros). Siguiendo su ejemplo, otros alpinistas se lanzaron a escalar picos más inaccesibles. En 1953, el neozelandés Sir Edmund Hillary y el sherpa Tenzing Norgay lograron, en el Himalaya, la cima del Monte Everest, el más alto del mundo (8 848 metros).

El piolet
Con un pico, una pala y su forma de zapapico, sirve como apoyo y permite clavarlo en la roca o el hielo.

Las cuerdas
De cáñamo, seda o nailon, las cuerdas son ligeramente elásticas para amortiguar el impacto en caso de una caída.

Los crampones
Permiten avanzar sobre terrenos difíciles o trepar por los ventisqueros.

Pitón

NIEVE, HIELO Y MONTAÑA

La escalada, hija del alpinismo

En los años sesenta, después de conquistar las más altas cimas elevadas, los montañistas buscaron la dificultad técnica pura. Así nació una disciplina nueva, la escalada, cuyo objetivo es más el ascenso en sí que el descubrimiento. La escalada puede practicarse lejos de las montañas, ya sea en acantilados a la orilla del mar, en peñascos o incluso bajo techo, en paredes artificiales.

Competencias
En 1989 se organizó el primer campeonato mundial de escalada. Las pruebas se dividen en dos categorías: de dificultad y de velocidad. Los grandes campeones como Patrick Edlinger y Catherine Destivelle pueden trepar por paredes escarpadas a mano limpia, sin equipo alguno.

La técnica
El arte de un buen escalador consiste en aprovechar al máximo los asideros naturales, es decir, las salientes y fisuras de la roca. Para avanzar, debe buscar estos asideros y apoyarse en ellos con manos y pies. El escalador baja empleando diferentes técnicas, como la llamada *rappel,* con ayuda de una cuerda fija en un pitón.

Calzado
El escalador emplea zapatos ajustados para sentir bien los asideros de la roca. Los zapatos están cubiertos de goma que permite adherirse mejor a las paredes.

El tahalí
El escalador se une a la cuerda mediante un tahalí, especie de arnés alrededor del torso.

Tiro al blanco

Orígenes

En todas las épocas, el hombre ha practicado el tiro para cazar y alimentarse. Por supuesto, sus primeras armas no eran muy sofisticadas: una cerbatana, un bumerán, un arco y flechas o una piedra lanzada con la mano. El tiro al blanco se modernizó y diversificó gracias a los progresos de la técnica y a la aparición de armas de fuego: los japoneses inventaron la primera arma de fuego en el siglo XIII, y la primera escopeta de caza se perfeccionó durante el reinado de Luis XVI, en el siglo XVII.

Equipo

La ballesta data de la Edad Media. Según la leyenda, fue el arma con la que Guillermo Tell disparó la flecha que atravesó una manzana sobre la cabeza de su hijo. La ballesta es intermedia entre el arco y el fusil: se sostiene como fusil, pero se dispara con cuerda y flecha, como el arco.

La pistola emplea balas de 4.5 mm de diámetro o *calibre*. No debe pesar más de 1.5 kg.

Surgimiento del tiro deportivo

La primera sociedad deportiva de tiro, semejante a los actuales clubes deportivos, se fundó en Francia en 1866. A partir de entonces se organizaron campeonatos regionales y después nacionales. En 1896, el tiro deportivo apareció en los primeros Juegos Olímpicos de la era moderna, en Atenas. Hoy en día, 70 millones de adeptos en todo el mundo practican el tiro como deporte.

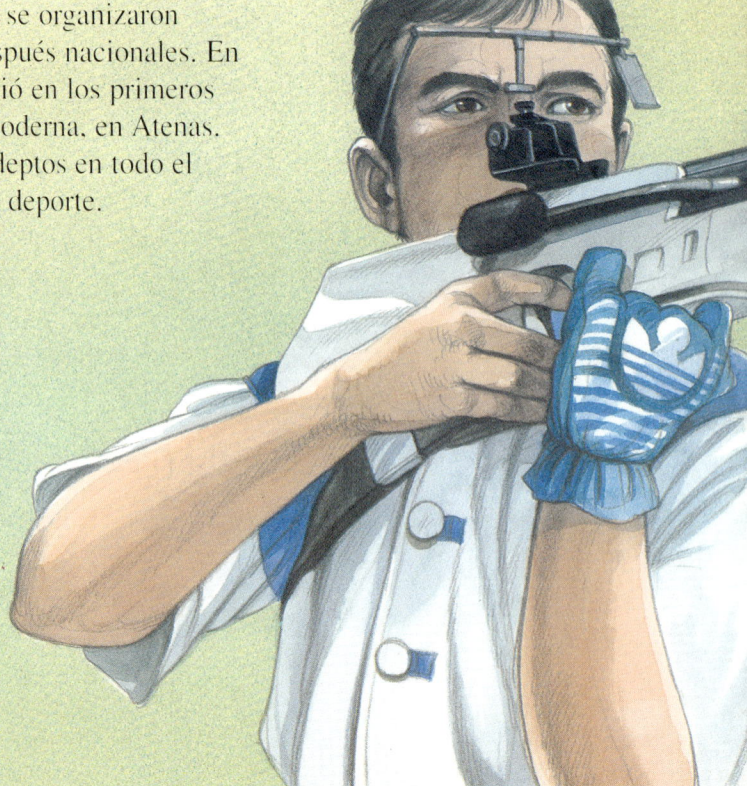

Blancos de cartón

El tiro deportivo no tiene relación alguna con la cacería, ya que su objetivo son blancos de cartón. El propósito es acertar con un máximo de precisión en un mínimo de tiempo. El tiro al blanco se practica con diferentes armas: carabina, pistola, ballesta y hasta armas antiguas o réplicas exactas de ellas.

DEPORTES DE DESTREZA

Ballesta

Pistola

Carabina

Colt

El cañón de las carabinas de competencia es relativamente angosto. El calibre o diámetro de las balas es de 4.5 mm. La carabina no debe pesar más de 5.5 kg.

Las armas antiguas son muy variadas. Una de ellas, el revólver Colt, se usó en el Viejo Oeste de los Estados Unidos.

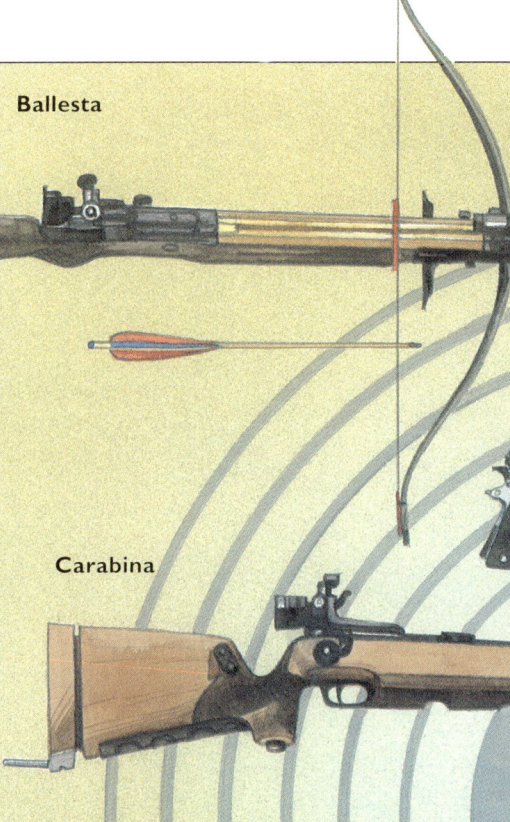

COMPETENCIAS

Hay 47 disciplinas de tiro al blanco. Once de ellas se practican en los Juegos Olímpicos. A cada arma le corresponden diferentes pruebas según distancia entre el tirador y el blanco, tamaño de éste, si es móvil o está fijo, número de tiros a los que se tienen derecho, posición frente al blanco (de pie, tendido, sentado o de rodillas) y duración de la competencia.

TÉCNICA

Es necesaria una inmovilidad total del cuerpo y del arma. El tirador debe apuntar perfectamente al blanco. Para ello, traza una línea imaginaria entre la mira de su arma y el centro del blanco. Esto fatiga mucho los ojos. La "suelta" de la bala es el momento en que el tirador oprime el gatillo del arma. Es el punto más importante del tiro y su principal dificultad. El arma debe mantenerse estable durante la suelta.

Tiro con arco

Un origen antiguo

Hace 20 mil años, los hombres de Cromañón ya conocían los arcos. Los usaban para cazar animales rápidos y peligrosos a los que no podían acercarse. Durante la Edad Media, se usó el arco para la guerra. Poco después lo superaron técnicamente las armas de fuego, inventadas en el siglo XIII por los japoneses. Entonces se convirtió en una actividad deportiva y de recreo.

Competencias

El tiro con arco consiste en apuntar y disparar una flecha contra el centro de un blanco. Se le admitió como deporte olímpico en 1972. La prueba olímpica se disputa sobre un terreno plano. Los competidores disparan un número preestablecido de flechas contra blancos de paja colocados a cuatro distancias diferentes: 90, 70, 50 y 30 metros para varones y 70, 60, 50 y 30 metros para damas.

Aptitudes necesarias

Tirar con arco requiere de cierta fuerza física. El arco es un arma pesada de manejar que exige músculos para tensarlo de modo adecuado. Sin embargo, un buen tirador también requiere aptitud mental. Debe ser capaz de dominar sus emociones y concentrarse totalmente al momento de tirar.

DEPORTES DE DESTREZA

Equipamiento

El arco moderno se ha vuelto muy sofisticado. Hasta hace poco, todavía era de madera. Actualmente es de fibra de vidrio o de carbono, materiales mucho más ligeros y resistentes. El arco también está equipado con múltiples accesorios que aumentan su precisión, como el estabilizador que se apunta delante del arco y que permite equilibrarlo al momento de tirar.

Las flechas

El astil está hecho de madera, aleaciones de aluminio o carbono.

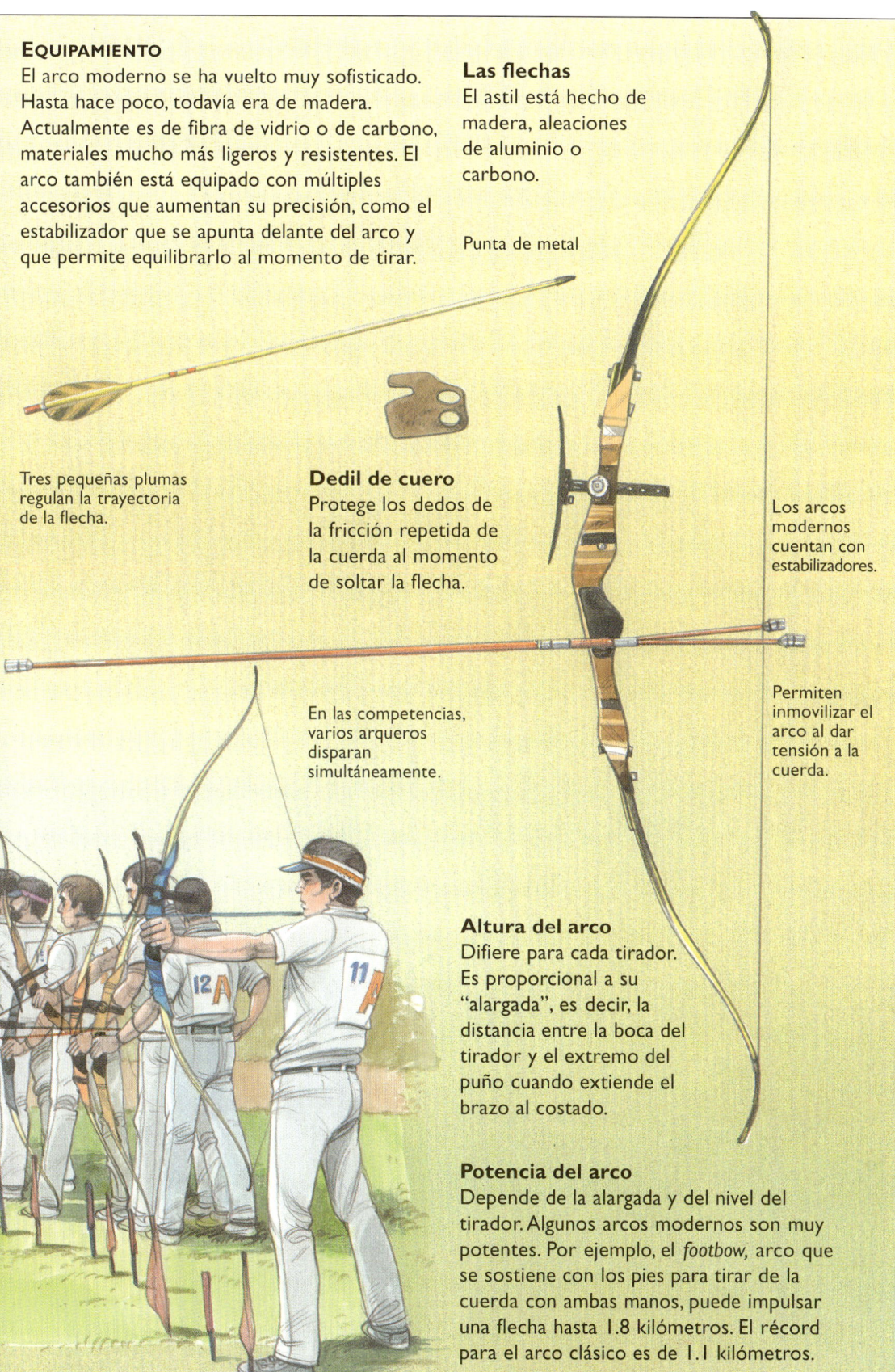

Punta de metal

Tres pequeñas plumas regulan la trayectoria de la flecha.

Dedil de cuero

Protege los dedos de la fricción repetida de la cuerda al momento de soltar la flecha.

Los arcos modernos cuentan con estabilizadores.

Permiten inmovilizar el arco al dar tensión a la cuerda.

En las competencias, varios arqueros disparan simultáneamente.

Altura del arco

Difiere para cada tirador. Es proporcional a su "alargada", es decir, la distancia entre la boca del tirador y el extremo del puño cuando extiende el brazo al costado.

Potencia del arco

Depende de la alargada y del nivel del tirador. Algunos arcos modernos son muy potentes. Por ejemplo, el *footbow,* arco que se sostiene con los pies para tirar de la cuerda con ambas manos, puede impulsar una flecha hasta 1.8 kilómetros. El récord para el arco clásico es de 1.1 kilómetros.

Golf

Orígenes

Hace casi 400 años, un pastor escocés inventó el golf. Cierto día, para distraerse, tomó con ambas manos su cayado y, apuntando a un guijarro redondo del camino, lo envió a varios metros de distancia. Nacía el golf. La fecha oficial de origen del juego es el 14 de mayo de 1754. En esa ocasión, en Escocia, un grupo de amigos tuvo la idea de escribir las reglas de su juego favorito y publicarlas. En la actualidad, el golf tiene cada vez más adeptos en todo el mundo.

Principios del juego

El golf es un juego individual, incluso cuando se intenta vencer a un adversario. Consiste en golpear una pelota con palos especiales sobre un campo dividido en 18 hoyos. El objetivo es hacer entrar la pelota en cada uno de los 18 hoyos con el mínimo posible de golpes. El recorrido tiene una longitud total de 6 kilómetros. La longitud de cada tramo, es decir, la distancia total entre dos hoyos, va de 100 a 500 metros. La distancia entre el *tee* o zona de salida y el hoyo determina el *par,* que corresponde al número de golpes que se requieren normalmente para meter la pelota en el hoyo. Un buen jugador puede hacer un hoyo en un número de golpes menor al *par*.

Competencias

Aunque el golf no es deporte olímpico, hay numerosos campeonatos nacionales e internacionales. Gana la competencia quien sume el mínimo de puntos en el recorrido completo. Se cuenta un punto cada vez que se toca la pelota, cuando se pone en juego una segunda pelota porque la primera se perdió o cayó en una trampa de agua, cuando es necesario colocarla con la mano o cuando se rompe una regla.

Técnica del juego

El golf es un deporte muy difícil. Es necesario dominar numerosos movimientos para poder golpear adecuadamente la pelota. En primer término debe aprenderse a colocar las manos en el mango del palo. La posición de las manos, llamada *grip,* varía según los golpes. También debe dominarse el giro del palo, llamado *swing*. El *swing* siempre es el mismo, sea cual sea el golpe. Dura un segundo y medio.

El *swing* hace trabajar 13 partes del cuerpo.

DEPORTES DE DESTREZA

CAMPEONES
Para llegar a ser campeón de golf, se requieren años de entrenamiento. La mayoría de los campeones son bajos y fornidos. Como su centro de gravedad es relativamente bajo, tienen mejor equilibrio para el *swing*.

Copa del Abierto de Inglaterra, uno de los más importantes torneos de golf.

Tres tipos de palos.

Putters

Hierros

Maderas

DIFERENTES PARTES DEL CAMPO
El *fairway* es la parte del campo cubierta de césped, recta o curva, donde se desarrolla el juego. El *rough* es la zona del campo bordeada de árboles o hierba alta que es preferible evitar, para no perder allí la pelota. Hay también trampas de arena en las cuales es difícil golpear la pelota. El *green* es la zona del campo perfectamente podada donde se localiza el hoyo en el que debe entrar la pelota.

El tee es el pequeño soporte de plástico sobre el cual se coloca la pelota antes de golpearla. También se llama *tee* a la zona de salida de cada hoyo.

HISTORIA DEL VUELO LIBRE

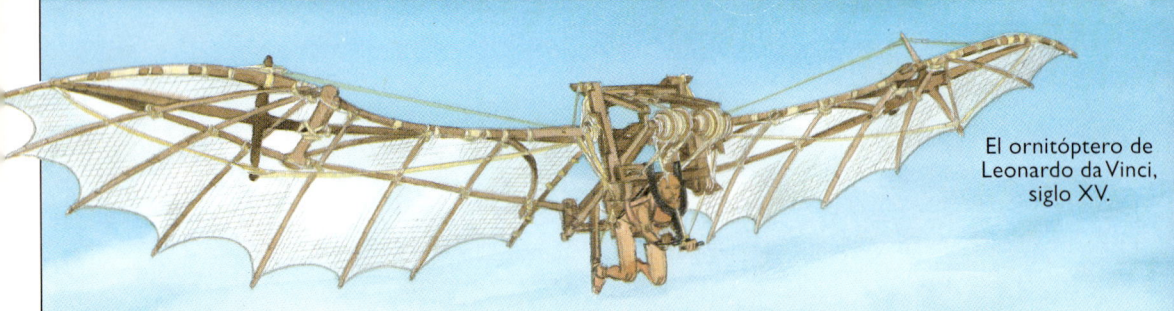

El ornitóptero de Leonardo da Vinci, siglo XV.

Los pioneros

Desde la antigüedad, el hombre soñó con volar. Durante el siglo XV, Leonardo da Vinci diseñó una máquina voladora dotada de alas, pero no logró hacerla realidad. A fines del siglo XIX, el ingeniero alemán Otto Lilienthal, inspirándose en el planeo de los pájaros, construyó un artefacto con alas de algodón ahulado sostenidas por un armazón de bambú. Lilienthal murió en un intento por despegar. Paradójicamente, la invención y el desarrollo de los pesados aviones de motor permitieron diseñar planeadores ligeros, capaces de elevarse sin motor.

Aparición del ala delta

En los años cincuenta, el ingeniero Francis Rogallo ideó un paracaídas dirigible para recuperar las cápsulas espaciales. Fabricó una especie de cometa con dos lóbulos, que nunca funcionó. Diez años después, dos jóvenes ingenieros, uno americano y el otro australiano, retomaron la idea. En 1970 crearon la primera cometa tripulada o "ala delta", llamada así porque su forma evoca la letra griega Δ.

Invención del parapente

El parapente, basado en principios similares al paracaídas redondo y al ala delta, se inventó en 1978 en Saboya, Francia.

Otto Lilienthal, a fines del siglo XIX.

DEPORTES AÉREOS

ALA DELTA O "COMETA TRIPULADA"

Es un artefacto relativamente pesado (de 25 a 35 kg) y estorboso. Las alas tienen 10 metros de envergadura. Se construye con una vela de nailon, una estructura de tubos de aluminio y cables de acero. Una barra de mando, similar a la espoleta de un *windsurf*, permite orientar el aparato. Después de despegar, el piloto se desliza en un arnés suspendido de la armazón del ala delta con mosquetones. Hay diferentes modelos de arneses o *cocoons* según la posición del piloto: sentado, de pie, tendido de espaldas o tendido boca abajo (posición más frecuente).

PARAPENTE

Es un paracaídas rectangular de gran envergadura pero muy ligero, de aproximadamente 3 kilogramos, y poco estorboso. Está hecho con una vela de nailon, cuerdas de suspensión y cuerdas de mando que, al modificar la posición del ala, permiten al piloto acelerar, frenar, girar o aterrizar. El piloto va sentado en un arnés o atalaje.

EL DESPEGUE

El despegue es una etapa delicada. En cuanto sopla el viento, es necesario correr pendiente abajo, de cara a éste, para adquirir suficiente velocidad respecto a la del viento: un mínimo de 15 km/h.

Competencias de vuelo libre

El piloto de ala delta lleva un paracaídas de seguridad.

Condiciones de vuelo

El vuelo libre se practica generalmente en montañas o a lo largo de acantilados frente al mar. Las condiciones meteorológicas son muy importantes. Los vientos intensos, la lluvia y la nieve dificultan el vuelo. Aunque en muchos países no es necesario obtener una licencia para poder volar, el piloto requiere de ciertas nociones de aerología, que es la ciencia de los movimientos del viento sobre un territorio pequeño. En las montañas, los vientos son muy complejos y cambian rápidamente. Resulta más sencillo volar a la orilla del mar. Las regiones áridas sin nubes, como los Alpes Meridionales en Francia, las montañas Atlas de Marruecos o los grandes desiertos australianos, son auténticos paraísos para el vuelo libre.

DEPORTES AÉREOS

COMPETENCIAS DE VUELO
Existen distintas competencias. La más antigua consiste en aterrizar con la mayor precisión posible en el centro de un blanco. En fecha más reciente se desarrollaron pruebas de distancia y de velocidad de vuelo. El récord del mundo es de 487 kilómetros en ala delta y 281 kilómetros en parapente.

ACROBACIAS AÉREAS
Las acrobacias son una disciplina reciente, muy peligrosa, que se practica en alas delta diseñadas especialmente para el efecto. Los pilotos van equipados con uno o dos paracaídas para emergencias. Las competencias se realizan sobre el mar para limitar la gravedad de las caídas, ya que puede haberlas. La prueba consiste en ejecutar figuras acrobáticas tales como el rizo.

VUELO TÉRMICO
Para evitar un descenso continuo sin frenar, los mejores pilotos intentan "remontar". Esto es posible a veces, cuando se forma una bolsa de aire caliente dentro de una corriente fría. Ocurre en sitios resguardados del viento, por ejemplo detrás de macizos de árboles, o sobre superficies secas y soleadas. Se crea entonces un movimiento llamado "corriente térmica ascendente". Si el piloto sabe descubrir tales movimientos ascendentes, puede remontarse por los aires y prolongar su vuelo durante 20 o 30 kilómetros durante dos o tres horas.

Un casco ligero, que deja libres las orejas, permite al piloto oír el viento para estimar su velocidad de vuelo.

EL ATERRIZAJE
Cuando el piloto se acerca al sitio de aterrizaje, se coloca de cara al viento y da varias vueltas para disminuir su velocidad y perder altura. El piloto debe posar los pies en el suelo lo más despacio posible. Un buen piloto aterriza a velocidad cero, como las aves. No necesita correr con el artefacto a la espalda para frenar.

ULTRALIGEROS DE MOTOR

Orígenes
A principios del siglo XX, el ingeniero brasileño Santos Dumont perfeccionó un aparato volador con algunos trozos de bambú, cuerdas de piano, ruedas de bicicleta, un pedazo de seda y un pequeño motor de gasolina. Fue el antepasado del avión ultraligero de motor. Aquel invento cayó en el olvido hasta mediados de los años setenta, cuando un californiano temerario tuvo la idea de fijarle un motor de sierra eléctrica a su ala delta. En 1977 se comercializó el primer ultraligero de motor.

La velocidad no debe bajar de los 40 km/h, o el aparato cae como piedra.

Ultraligero de tres ejes

El "Baby" de Santos Dumont data de 1909.

El ultraligero
El armazón de un ultraligero tiene forma de triciclo. Se hace con acero inoxidable o aluminio. La vela, semejante a la de un ala delta o un *windsurf,* es de nailon. El motor no tiene nada particular; puede ser el de un trineo motorizado, el de un generador o hasta el de una podadora de césped. Los diferentes elementos del ultraligero se ensamblan como un mecano. En total pesa un máximo de 150 kilogramos si es monoplaza, y de 175 kilogramos si es biplaza.

Velocidad
La velocidad de crucero de los ultraligeros es de 70 a 90 km/h. Algunos logran los 130 km/h. Sin embargo, el objetivo de los pilotos no es tanto la velocidad sino la duración del vuelo. Ésta, limitada por la cantidad de gasolina, puede llegar a las cuatro horas.

Técnica de piloteo
Para tener derecho de pilotear un ultraligero, debe obtenerse un diploma teórico y un certificado de aptitud. Para hacer despegar el artefacto, es necesario un terreno de 100 metros de largo. Para aterrizar bastan 50 metros. La técnica de piloteo varía según el modelo. Los ultraligeros de tres ejes semejan un avión. El piloto los dirige con una palanca de mando que le permite girar e inclinar las alas.

DEPORTES AÉREOS

Ultraligero pendular

Los ultraligeros pendulares son mucho más sencillos de pilotear pero exigen mayor fuerza física. El piloto va instalado en un carro suspendido, mediante un armazón en forma de trapecio, de un ala delta grande y reforzada. Dirige el aparato sujetando el trapecio e inclinando el cuerpo a derecha o izquierda, según la dirección que desee tomar.

COMPETENCIAS
En las competencias, los pilotos intentan mostrar la máxima precisión al navegar y volar distancias muy largas con el mínimo de combustible. Por ello, el ultraligero es más una aventura que un auténtico deporte de competencia.

Paracaidismo

Orígenes

La invención del paracaídas se debe al genial Leonardo da Vinci, en 1502. Sin embargo, el francés Lenormand fue el primero en realizar un salto en 1783, con un paracaídas fabricado por él mismo. Durante mucho tiempo, el paracaídas se consideró un artefacto sumamente peligroso, reservado a los acróbatas de circo. Después de la Primera Guerra Mundial, se le reconoció por fin como un instrumento de rescate y el ejército empezó a utilizarlo. A partir de los años cincuenta, el paracaidismo se convirtió en deporte y actividad recreativa.

Paracaídas rectangular

Se emplea como diversión y en competencias. También se le llama "ala". Es más pequeño que el paracaídas redondo. Está compuesto por dos alas rectangulares que, al abrirse, quedan superpuestas. Cada ala está formada por siete a nueve celdas. A mayor número de celdas, el paracaídas es más rápido y resulta más difícil de maniobrar.

Paracaídas redondo

Fue el paracaídas original. En la actualidad sólo lo emplea el ejército para desembarcar hombres o materiales. Es redondo y amplio, con un orificio en el centro. Desciende verticalmente y no se le puede dirigir. La velocidad de descenso es de aproximadamente 5 metros por segundo; por ello, el aterrizaje es bastante violento.

Salto en paracaídas

El salto en paracaídas se inicia al lanzarse al vacío con el paracaídas cerrado, por lo general desde un avión. La altitud promedio es de 3 000 a 3 500 metros. Si el paracaídas es de abertura automática (para principiantes), se abre después de tres segundos. Cuando es de abertura manual, el paracaidista lo hace abrirse al cabo de 30 a 50 segundos. El paracaídas se maniobra tirando de dos cuerdas de mando que lo orientan hacia la derecha o la izquierda. Al aterrizar, el piloto se coloca de cara al viento y frena tirando de ambas cuerdas de mando al mismo tiempo.

DEPORTES AÉREOS

COMPETENCIAS DE PARACAIDISMO

Precisión del aterrizaje
El salto se ejecuta a mil metros de altitud. El objetivo es aterrizar y tocar un interruptor de 5 cm de diámetro situado en el centro de un blanco de espuma de caucho. Un aterrizaje perfecto, en el centro exacto del interruptor, se llama "cuadrado". El equipo de Francia es actualmente campeón del mundo en esta prueba.

Acrobacia individual
El paracaidista debe ejecutar cinco figuras obligatorias con el paracaídas cerrado, entre ellas un rizo y un salto mortal hacia atrás. Gana quien realice las acrobacias con mayor precisión en un mínimo de tiempo. El tiempo no excede de siete segundos y la velocidad llega a 240 km/h.

Paracaidismo de contacto
Es una prueba de grupo, entre cuatro u ocho paracaidistas. Con el paracaídas abierto, los saltadores deben sujetarse con manos o pies al ala de uno de sus compañeros. Gana el equipo que coordine mejor la maniobra.

Paracaidismo de figuras
De cuatro a ocho deportistas, con el paracaídas cerrado y en caída libre, realizan una serie de figuras en el cielo (estrella, acordeón, círculo). Deben mantenerse en un plano horizontal. Los criterios para calificar se basan en la precisión de la ejecución.

Historia del automóvil

Coches de vapor

El primer vehículo capaz de desplazarse sin tracción animal, llamado por ello "automóvil", fue fabricado por el francés Joseph Cugnot en 1770. Era un carro de tres ruedas que se movía gracias a una enorme máquina de vapor. Ésta calentaba con leña o carbón el agua de una voluminosa caldera. El vapor así producido accionaba un mecanismo que ponía las ruedas en movimiento. Hacia 1870, el marqués de Dion y Amédée Bollet mejoraron el invento de Cugnot y construyeron varios automóviles. En 1873, Bollet rebasó los 40 km/h de velocidad máxima.

El motor de combustión interna

Otros inventores creyeron en la superioridad del motor de combustión interna, diseñado por el alemán Daimler en 1890. La explosión de una mezcla de aire y petróleo dentro de un cilindro, provocada por una bujía eléctrica, hacía girar unos pistones. Para probar este motor, más pequeño y con mayor autonomía que la máquina de vapor, en 1891 el constructor Armand Peugeot hizo que un coche con motor de petróleo construido por Panhard y Levassor siguiera la carrera ciclista París-Brest-París. El auto viajó más despacio que el vencedor, Charles Terront, pero mostró sus posibilidades.

AUTOMOVILISMO Y MOTOCICLISMO

EL PETRÓLEO SE IMPONE
En la primera carrera París-Rouen, en 1894, se enfrentaron 14 autos de petróleo y siete de vapor. Ganó el tractor de vapor del marqués de Dion, que tiraba de un coche de caballos, tras 9 horas con 40 minutos a una velocidad promedio de 14 km/h. Sin embargo, en la carrera París-Burdeos-París de 1895 ganó el Panhard de petróleo, conducido por Levassor, en 48 horas y 48 minutos, con un promedio de 24.240 km/h. A partir de entonces hubo avances notables, tanto en los motores como en los vehículos mismos. En 1909, el inglés Hemery alcanzó 202.6 km/h de velocidad máxima.

LAS CARRERAS CREAN LA INDUSTRIA
A diferencia de otras disciplinas, las carreras de autos no son la adaptación deportiva de una actividad humana. Por el contrario, las competencias hicieron surgir una industria. Gracias a la proliferación de las carreras, los pioneros del automóvil adquirieron gran celebridad y se volvieron industriales. Armand Peugeot produjo 29 autos en 1892. Louis Renault, ganador de la carrera París-Viena de 1902, se convirtió en el constructor de los autos Renault. Los hermanos Michelin terminaron la carrera París-Burdeos-París de 1895 guiando un auto con neumáticos desmontables y decidieron comercializar su invento.

UN DEPORTE DIFERENTE
Muy pronto, el automovilismo demostró su diversidad. En 1902 se construyó el primer autódromo en Brooklands, Inglaterra. En Le Mans, en 1906, se organizó en un circuito especial un Gran Premio de velocidad, precursor de la Fórmula 1. En 1911, el rally de Montecarlo dio inicio a las competencias en carretera para autos de serie. En 1922, André Citroën organizó un cruce del Sahara en automóvil. Por último, Le Mans obtuvo reputación mundial al crearse en 1923 una carrera con duración de 24 horas para autos de serie perfeccionados.

Automovilismo de Fórmula 1

Dos horas máximo

Los vehículos de Fórmula 1 (F1), que son los prototipos más rápidos, participan en carreras de velocidad organizadas en autódromos o en pistas acondicionadas al efecto dentro de ciudades, como en Mónaco. Los circuitos tienen numerosas curvas. Los corredores arrancan juntos y gana el que termina en primer lugar. La carrera se limita a un máximo de dos horas. Las distancias recorridas van de 250 a 320 kilómetros, según las dificultades del recorrido. En 1950, los Grandes Premios se agruparon en un solo campeonato mundial.

Los autos de F1 tienen una carrocería aerodinámica diseñada mediante computadora. No cuentan con portezuelas, y el piloto se acomoda en un asiento de cubo moldeado según sus dimensiones.

Los autos pesan tan sólo unos 600 kg, aunque tienen un motor sumamente potente. Las ruedas, con neumáticos anchos de caucho muy grueso, sobresalen de la cabina para lograr mayor estabilidad y un enfriamiento rápido.

El piloto lleva un casco con visera cubierta con varias películas de plástico transparente que se arrancan conforme se ensucian.

Alain Prost, uno de los más grandes pilotos en la historia de la Fórmula 1, ha sido campeón del mundo tres veces y posee el récord de más victorias en Grandes Premios.

Medidas de seguridad

En las rectas, los autos pueden rebasar los 300 km/h. La búsqueda de una velocidad cada vez mayor ha provocado numerosos accidentes. Para reducir los riesgos, se han impuesto reglas de seguridad en la construcción de los autos y el trazo de los circuitos, además de límites a la potencia de los motores y al ancho de los neumáticos.

AUTOMOVILISMO Y MOTOCICLISMO

Pilotos y escuderías

El campeonato del mundo de Fórmula 1, que se disputa en 16 Grandes Premios, otorga dos títulos. Para conceder el título a los pilotos, se suman los puntos obtenidos por cada uno en las 16 carreras. En cada Gran Premio se conceden 10 puntos al primer lugar, 6 al segundo, 4 al tercero, 3 al cuarto, 2 al quinto y 1 al sexto. El premio de los fabricantes permite a cada escudería, es decir, a cada marca, alinear dos autos por carrera. Con la misma escala se suman los puntos obtenidos por los dos vehículos, sean quienes sean los pilotos, que pueden cambiar de una carrera a otra.

Los alerones delanteros y traseros permiten mejor adherencia al suelo.

Posición de arrancada

Como es difícil rebasar, el número de autos que empiezan las carreras se reduce a 26. Por ello, el orden de salida es crucial. La antevíspera y la víspera de la competencia, los pilotos realizan pruebas cronometradas. Los tiempos logrados permiten conformar la parrilla de salida, con dos autos por línea. El mejor tiempo obtiene la llamada *pole position*, en primera línea y junto al borde interior de la pista. El que obtuvo el segundo tiempo se ubica a su izquierda, en el exterior y un poco atrás; así se organizan las demás líneas.

Paradas en los *pits*

Los pilotos pueden detenerse en los *pits*, situados fuera de la pista. Tienen derecho de hacer reparaciones o cambiar llantas. La cantidad de combustible que cargan es limitada para obligarlos a graduar su consumo. Está prohibido que los empujen para salir.

Rallys, carreras de gran distancia y carreras estadounidenses

Los rallys

Hoy en día se efectúan numerosos rallys a semejanza del Rally de Montecarlo, creado en 1911. En sus orígenes se reservaban a competidores ricos, que efectuaban un recorrido cronometrado entre dos ciudades por carreteras normales, en autos deportivos especialmente acondicionados. En la actualidad en los grandes rallys compiten profesionales, en equipos de dos, que conducen autos de pasajeros basados en los modelos de serie de los constructores tradicionales.

Los competidores de las pruebas especiales arrancan por separado.

Pruebas especiales

Los rallys incluyen un recorrido de enlace por carreteras comunes y pruebas especiales de velocidad en trayectos difíciles con numerosas curvas, especialmente por caminos sin pavimento o nevados. Para calificar, se suman los tiempos realizados en las pruebas especiales. Gana el rally quien realice el tiempo más corto.

Las 24 horas de Le Mans

Las carreras de gran distancia en pistas se corren en lapsos de 8, 12 o 24 horas. Compiten vehículos de diversas clases, con equipos de dos o tres pilotos que se relevan. El objetivo es recorrer la distancia máxima en el tiempo permitido. La más importante es la carrera de las 24 horas de Le Mans. Se realiza en un circuito de 16.4 km que incluye el autódromo de la Sarthe y la carretera nacional Le Mans-Tours. Esta última incluye la recta de Hunaudières, con dos tramos de 2 kilómetros donde los autos alcanzan los 360 km/h.

AUTOMOVILISMO Y MOTOCICLISMO

El campeonato mundial

En los últimos 20 años, apoyados por grandes firmas petroleras y de automóviles, los rallys han adquirido una reputación internacional. Se creó un campeonato mundial que se disputa en 12 rallys. Cada uno tiene aproximadamente 2 mil kilómetros de largo. A los diez pilotos mejor calificados en cada rally se les asignan puntos, respectivamente 20, 15, 12, 10, 8, 6, 4, 3, 2 y 1.

Los doce rallys del campeonato mundial
Incluyen los de Montecarlo, Suecia, Portugal, la Vuelta a Córcega, la Acrópolis (Grecia), los Mil Lagos (Finlandia), San Remo (Italia), Royal Automobile Club (Gran Bretaña), Safari Rally (Kenia), Argentina, Nueva Zelanda y Costa de Marfil.

El universo estadounidense
Aunque en Estados Unidos se organizan premios de Fórmula 1, los estadounidenses prefieren carreras de velocidad más espectaculares, en las que compiten autos similares sobre amplias pistas ovaladas donde es más fácil rebasar. Autódromos como el de Indianápolis reúnen a 300 mil espectadores alrededor de una pista de 4 kilómetros que los autos deben recorrer 200 veces. Estos vehículos participan en un campeonato estadounidense.

RALLYS DE RESISTENCIA

El Crucero Amarillo en el Desierto de Gobi.

REGRESO A LA AVENTURA

El auge reciente de los rallys de resistencia hace patente el deseo de volver al espíritu de aventura que inspiró las carreras de automóviles a principios de siglo. André Citroën fue el primero que organizó expediciones a zonas lejanas, a través de vastas distancias y sobre las rutas de otras épocas. Dos de tales expediciones con auto-orugas lograron gran resonancia. Entre 1931 y 1932, el Crucero Amarillo enlazó Beirut y Pekín. Los vehículos atravesaron Afganistán, Sinkiang Uigur, Mongolia y el Desierto de Gobi. En 1950, estas expediciones se convirtieron en carreras al organizarse el primer rally Argel-Ciudad del Cabo.

AUTOMOVILISMO Y MOTOCICLISMO

El rally París-Dakar

El rally París-Dakar atrae a cientos de competidores. Debido a su inmensa cobertura informativa, se desplaza gran cantidad de equipo. La asistencia técnica requiere de un avión de carga y dos camiones. Para los medios de comunicación se emplean un avión con enlaces a satélite, un helicóptero para la prensa escrita, 30 vehículos de doble tracción, un gran avión de carga y otro para la producción de imágenes. Por último, los alimentos se transportan en dos grandes aviones de carga. Se invierten diez meses en organizar esta prueba, que dura tres semanas y moviliza a mil 700 personas.

Autos, motocicletas y camiones

Los organizadores de rallys de resistencia buscan terrenos muy difíciles. Por ello, la mayor parte de las carreras tienen lugar en el desierto. El itinerario comprende varias etapas, casi todas ellas fuera de las carreteras. Gana el competidor que hace el menor tiempo en la suma de las etapas. En estas pruebas intervienen autos, motocicletas y camiones. La participación es libre; sólo se paga un derecho a los organizadores para recibir su apoyo durante la prueba.

Recorridos en el desierto

Vehículos de tracción en las cuatro ruedas se adaptan especialmente para correr por la arena. Las motocicletas también son de doble tracción, con horquilla telescópica especial que brinda una mejor suspensión y tanque de gasolina grande para tener la suficiente autonomía en etapas que pueden llegar a los mil kilómetros. Como los resultados cada vez logran más resonancia, las firmas de automóviles contratan para estas pruebas a pilotos profesionales reconocidos.

La copa del mundo

Además del rally París-Dakar, creado en 1979 y que tiene un sitio especial por su importancia y su longitud (casi 10 mil kilómetros), y del rally París-Moscú-Pekín (14 000 kilómetros), que sólo se corrió en 1992, los rallys más cortos se agruparon en una Copa del Mundo, que toma en cuenta la suma de sus resultados. Se incluyen la Baja española, la Baja portuguesa, y los rallys de los Faraones (Egipto), de Túnez, de las Atlas (Marruecos) y de los Emiratos Árabes Unidos.

Motociclismo

Orígenes del motociclismo

Los primeros prototipos de motocicletas se diseñaron a fines del siglo XIX, poco después de los automóviles. La primera prueba internacional de motociclismo se realizó en Francia en 1904. Ante el éxito de la carrera, que ganaron los franceses, se fundó en seguida una Federación Internacional. En la actualidad se organizan pruebas muy diversas: carreras de velocidad y de resistencia en circuitos especiales, pruebas en pistas sin pavimentar o en montaña, como el *moto-cross*, el *super-cross*, el *trial* o el *speedway*, y rallys de resistencia sobre grandes distancias.

Grandes premios de velocidad

Los competidores deben recorrer una distancia de 100 a 130 kilómetros lo más rápidamente posible. Se atribuyen puntos a los diez primeros, respectivamente 15, 12, 10, 8, 6, 5, 4, 3, 2 y 1. Para el Campeonato del Mundo, se suman los puntos obtenidos en todos los Grandes Premios. En cada Gran Premio se disputan tres carreras distintas, según la cilindrada de las motocicletas: 125, 250 o 500 cm^3. Cada categoría tiene su propio Campeonato Mundial. El de motocicletas de 500 cm^3 es el más prestigioso.

Gran Premio de Holanda

Motocicletas de 500 cm^3 arrancan en un Gran Premio de velocidad.

AUTOMOVILISMO Y MOTOCICLISMO

MEDIDAS DE SEGURIDAD
Las motocicletas están carenadas, es decir, tienen una carrocería que ofrece menor resistencia al aire. Las ruedas llevan neumáticos anchos y lisos de caucho suave para mejor adherencia. Las orillas del circuito deben mantenerse despejadas, ya que el riesgo principal para los pilotos al caer es el choque contra algún obstáculo.

CURVAS CERRADAS
Las motocicletas a menudo logran los 300 km/h de velocidad máxima. Los rebases, más fáciles que en las carreras de autos, son numerosos y muy espectaculares. Para tomar las curvas cerradas se inclina la motocicleta hacia el interior de la curva. Como es frecuente que la rodilla roce el suelo, los competidores llevan rodilleras reforzadas.

EQUIPO
El piloto usa casco con visera y un traje de cuero de una sola pieza que cubre todo el cuerpo. El equipo se complementa con guantes y unos botines suaves. En caso de caídas, este atuendo le permite deslizarse sobre el suelo y evita quemaduras o heridas por fricción.

CARRERAS DE RESISTENCIA
Las carreras más prestigiosas, el Tazón de Oro y la de Le Mans, duran 24 horas. En ese lapso, tres corredores se relevan para conducir la misma motocicleta. En este tipo de carrera, los motores tienen menos potencia pero resisten distancias mucho más largas.

Motociclismo de montaña

El trial

Las pruebas de *trial* se desarrollan en un circuito natural de varios kilómetros. El recorrido se traza en zonas muy accidentadas, con gran declive. La disposición incluye también dificultades artificiales tales como puentes de madera angostos. Los competidores arrancan por separado. En las zonas especiales, el piloto no debe poner los pies en la tierra o recibe una penalización de los jueces. La clasificación no depende del tiempo sino del número de penalizaciones; gana el corredor que acumule menos puntos.

La suspensión está reforzada y los neumáticos tienen un dibujo grueso.

Moto-cross

Las carreras de *moto-cross* son competencias de velocidad. Se realizan en un circuito natural, sinuoso, de dos kilómetros como máximo. Los corredores arrancan todos juntos. El primero en llegar es el vencedor. Al igual que las pruebas de velocidad, los campeonatos mundiales se organizan para tres categorías de motocicletas: 125, 250 y 500 cm^3. Una variante del *moto-cross*, como la carrera de resistencia de Touquet, se realiza sobre un trayecto de 200 a 300 kilómetros a campo traviesa.

La carrera de Touquet

Las motocicletas deben ser muy potentes, con aceleración instantánea para superar las zonas difíciles o de gran declive. Los neumáticos tienen un dibujo grueso.

AUTOMOVILISMO Y MOTOCICLISMO

EL *SUPER-CROSS*

El *super-cross,* adaptación del *moto-cross,* es ante todo un espectáculo. Las carreras se realizan en estadios, sobre pistas artificiales de tierra. El trayecto, de unos cuantos cientos de metros, está formado por una sucesión de relieves que provocan saltos de varios metros. La prueba se efectúa en etapas, sobre distancias cortas, entre cinco o seis corredores que arrancan al mismo tiempo. Gana la etapa el primero que llega. Se suman los tiempos realizados en cada etapa para asignar la calificación final.

EL *SPEEDWAY*

Estas carreras de velocidad, muy espectaculares, se efectúan en circuitos muy sinuosos de tierra, arena o ceniza, de varios cientos de metros. Las pruebas se disputan en etapas, entre corredores que arrancan todos juntos. La calificación final se basa en la suma de los tiempos efectuados en cada etapa.

Para tener mejor estabilidad en las pistas de tierra blanda, los neumáticos tienen un dibujo recto.

Los pilotos, equipados con botas de suela metálica, usan los pies para frenar.

Los minusválidos y el deporte

Una profunda motivación

Desde hace mucho tiempo se emplea el deporte como un medio de rehabilitación. En fecha más reciente se reconoció que las competencias deportivas podían brindar a los minusválidos una motivación en su existencia y ayudarles a encontrar el equilibrio psicológico. Así surgió el movimiento deportivo para minusválidos, cuyo objetivo es proporcionar a las personas con impedimentos una vida lo más normal posible.

Los juegos paralímpicos

Tras la creación de los Juegos Paralímpicos de verano en Roma, en 1960, y de invierno en Suecia, en 1976, se pudo constatar que los minusválidos, a menudo más entusiastas que otros deportistas, eran capaces de lograr metas que se creían imposibles debido a sus impedimentos. Los Juegos Paralímpicos se efectúan en las mismas ciudades que organizan los Juegos Olímpicos, como continuación de éstos. En 1992, los Juegos Paralímpicos de invierno de Albertville reunieron a 700 competidores de 24 países en esquí alpino y esquí nórdico. Ese mismo año, en Barcelona, 3 mil 200 atletas de 85 países participaron en los Juegos Paralímpicos de verano, en 15 deportes.

Logros inverosímiles

Las disciplinas para minusválidos han tenido un considerable desarrollo. Los minusválidos participan en deportes que parecían inaccesibles, como descenso en esquí o salto de altura en una pierna, o tiro para invidentes.

Categorías múltiples

Si bien se conservan las reglas básicas de cada deporte, el movimiento de minusválidos las adapta según los diversos impedimentos. Por ejemplo, el fútbol se practica entre equipos de siete jugadores, en campos más pequeños; en el tenis se permiten dos rebotes. Los deportistas se clasifican en categorías según su limitación. Para la carrera única de 100 metros, en el atletismo de los Juegos Paralímpicos de 1992, hubo 24 finales correspondientes a las diversas categorías de limitación: miembros superiores, miembros inferiores, vista, etc.

Esquí alpino

Tiro para invidentes
Para esta especialidad, el tirador lleva dos audífonos conectados con el fusil. Cuanto más se acerca la mira al centro del blanco, la señal sonora se vuelve más aguda.

DEPORTES PARA MINUSVÁLIDOS

Esquí nórdico

ANHELOS OLÍMPICOS
Muchos deportistas afectados de los miembros inferiores usan silla de ruedas. Ésta les permite participar en carreras, desde 100 metros hasta maratón, practicar tenis, tenis de mesa, esgrima, básquetbol o hasta voleibol. Debido al buen desempeño y a la difusión mundial de la silla de ruedas, la carrera de mil 500 metros en silla de ruedas se incorporó como deporte de exhibición en los Juegos Olímpicos de 1992. El deporte de minusválidos espera lograr el reconocimiento oficial en el programa olímpico.

Carrera de fondo

ÍNDICE

A

Acrobacia 18, 19, 96, 167, 171
Aficionados 87
Aikido 120, 121
Ala delta 164, 165, 167, 168
Alerón 175
Alpinismo 156
Amateur (-s) 47, 68, 97, 128, 129
Ampáyer 105
Anillas 21
Animadoras 15
Anquetil, Jacques 45
Aparatos 18, 21, 24
Apoyo invertido 21
Arbitro (-s) 38, 84, 95, 101, 103, 105, 125, 126, 127, 129, 131, 133, 155
Arnés 63, 157, 165
Aro 24, 25
Aros olímpicos 6, 12
Arquero 160, 161
Arrancadores 28
Arranque 28, 38
Artes marciales 8, 120, 122, 124, 130
Ashe, Arthur Robert 116
Atalaje 165
Ataque 53, 83, 121, 124
Atleta (-s) 17, 18, 27, 32-39, 54, 56, 72, 79, 91, 147, 184
Atletismo 6, 16-19, 26, 27, 35, 36, 79, 96, 184
ATP 114, 115
Automóvil 172, 173-177

B

Bádminton 6, 7, 118
Bailes tradicionales 153
Bala 34, 35
Ballesta 158
Balón 24, 57, 81, 82, 84, 85, 91, 94-96, 98, 100, 102, 103
Baloncesto 6, 96-98, 102, 185
Balsa 76, 77
Bandera olímpica 6, 12
Barra fija 18-20
Barras asimétricas 19, 22
Barras paralelas 18, 20
Bastón 108, 109
Becker, Boris 115
Béisbol 6, 104, 105
Berlioux, Monique 57
Biatlón 7, 141, 147
Bici-cross 43
Bicicleta 41, 168
Bicicleta de montaña 48
Bicross 49
Blanco de espuma 171
Blanco de tiro 158-160
Bobsleigh 7, 150, 151
Borg, Björn 117
Borotra, Jean 111
Boxeo francés 78, 130
Boxeo 6, 128, 129
Bubka, Sergei 37
Buckley 60
Bumerán 158
Byron, Lord 50

C

Caballete 40
Caballo 108, 134-139
Caballo con arzones 19, 21
Calzapiés 67
Camino 26
Campeón (-es) 15, 16, 23, 36, 37, 54, 55, 57, 68
Campeonatos mundiales 7, 24, 41, 66, 68, 72, 75, 100, 149, 152, 157, 174, 177, 180, 182
Campo de juego 14, 84, 92, 93, 94, 95, 100, 104, 108, 138, 162, 184
Canasta 96, 98, 99, 139
Cancha 96, 101, 103, 110-112, 115-117
Canotaje 7, 74
Carabina 141, 158
Carpentier 17
Carrera Burdeos-París 40, 173
Carrera contra reloj 42, 47
Carrera de impulso 20, 23, 24, 32, 69
Carrera París-Brest-París 40, 172
Carrera París-Rouen 40, 173
Carrera por carriles 29
Carreras a campo traviesa 48, 49, 134-136, 182
Carreras de automóviles 173-179
Carreras de relevos 28, 29
Carreras de resistencia 30, 181
Carreras de velocidad 28, 29, 30, 42, 46, 47, 49, 79
Carreras en pista 75
Carreras estadounidenses 177
Carreras por etapas 42
Carreras trasatlánticas 60
Carril 29, 52, 72, 73, 76, 77, 154
Carril interno 29, 30, 175
Cartón, blancos de 158
Cartwright, Alexander 104
Casaca 26
Catamarán 60, 61, 64
Catcher 104, 105
Categoría (-s) 38, 72, 77, 79, 122, 125, 127, 129, 131, 182
Catre elástico 25
Cavill 52
Cerbatana 158
Cesta corta 107
Cesta-punta 106
Chistera 107
Ciclismo 6, 40-49
Ciclismo a campo traviesa 49
Circuito 105, 115, 173, 174, 176, 180, 181, 182, 183
Citroën, André 173, 178
Clavados 56
Clavas 25
Club (-es) 11, 14-16, 43, 58, 59, 70, 74, 81, 87, 88, 94, 115, 158
Cochet, Henri 111
COI (Comité Olímpico Internacional) 13, 57, 111
Colt 159
Comaneci, Nadia 23
Cometa tripulada 165
Competencia (-s) 8, 10, 11, 14, 16, 19, 23-27, 31, 32, 34-36, 38, 40-44, 46, 48, 50-52, 54, 56, 62, 64, 66-73, 75-79, 108, 116, 121-123, 125, 130, 132, 135, 136, 140, 141, 143, 145-148, 150-155, 157, 159, 160-162, 166, 167, 169-171, 173, 175, 182, 184
Cook 68
Copa América 59
Copa Davis 6, 111, 114, 117
Copa del Almirante 64
Copa Europea 7, 87
Copa Mundial 7, 17, 44, 81, 86, 87, 90, 141, 179
Cordada 156

ÍNDICE

Corredor de cierre 30
Corredor de resistencia 30
Corredores de velocidad 33, 36, 37, 95
Coubertin, Pierre de 6, 12, 19, 78
Crampones 156
Crick run 27
Cristo 21
Crol 51, 52, 55
Crucero amarillo 178
Cuerda (s) 24, 69, 118, 156-158, 161
Cugnot, Joseph 172

D

Daimler 172
Danza clásica 24, 152
da Vinci, Leonardo 164, 170
Decatlón 34
Defensas 82, 83, 85, 98, 99, 103
Defensivo, equipo 104
Dejada 113
Dempsey 17
Deporte para minusválidos 184, 185
Deportista (-s) 13, 14, 38, 66, 68, 72, 185
Derechazo 129, 131
Descenso 49, 77, 141-143, 167, 184
Deslizador 7, 67, 68, 115
Deslizador con vela 7, 66, 67
Destivelle, Catherine 157
Disco 8, 9, 26, 34, 35
Discóbolo 26
Doma 134-136
Dopaje 17, 45
Drais de Sauerbronn 40
Drake, Jim 66
Driblar 82
Dunlop 41

E

Edlinger, Patrick 157
Ejercicios a manos libres 19, 20, 22-24
Ellis, William Webb 90
Empuñadura 35
Ensayo 92

Entrada 105
Envión 38, 39
Equitación 134-139
Escalada 156
Esgrima 6, 132, 185
Eslálom 69, 75, 76, 141
Espada 132
Espiral 25
Espoleta 66, 165
Esquí acuático 68, 69
Esquí en nieve 140-149, 184, 185
"Esquí sin esquís" 69
Esquivar 129
Estadio 8, 12, 13, 26, 36, 87, 104, 114, 115, 183
Estilo libre 51, 52, 55
Etapa 41, 42, 44, 45, 136, 179, 183
Evert, Chris 116

F

Fastnet 64
Fauchage 131
Federación (-es) 70, 74, 96, 97, 115
Federación internacional 51, 81, 86, 96, 102, 180
FIFA 81, 86
Figuras acrobáticas 18, 25, 67, 68, 167
Flecha 158, 160, 161
Florete 78, 132, 133
Flushing Meadow 115
Footbow 161
Fórmula 1 174, 175
Fosbury 27, 32
Fuera de lugar 85, 91
Funboard 66, 67
Fútbol 6, 16, 17, 44, 80, 81, 84-86, 90, 94, 96, 100, 101, 110, 184
Fútbol americano 94, 95

G

Gancho 123, 129, 131
Garin, Maurice 44
Garrocha 32, 34, 37
Gimnasia 6, 7, 18, 19, 20, 23, 24, 96
Gimnasio 9, 18

Giro 20, 25
Giro de frente 27
Globo 113
Gol 57, 81-85, 92, 95, 100, 101, 108, 139, 155
Gol de campo, 95
Golf 6, 162, 163
Golpe 82, 112, 113, 117, 118, 131
Golpe de derecha 112
Goma de *home* 105
Gran (-des) Premio (-s) 173-175
Grand slam 114, 116
Green 163
Griffith, Florence 37
Grip 162

H

Halterofilia 6, 38, 39
Handball 57, 100, 101
Harlem Globe Trotters 96
Heptatlón 34
Hierros 163
Hinault, Bernard 45
Hockey sobre césped 6, 108, 109
Hockey sobre hielo 7, 141, 154, 155
Hooligans 16
Hoyo 28, 162, 163

I

Intento 32, 33, 35, 38, 85, 94, 112
Interruptor 171
Ironman 78

J

Jahn, Ludwig 18
Jarra de plata 59
Jeu de paume 106, 110
Jinete 136
Jockey 26
Johnson, Magic 97
Jordan, Michael 97
Judo 120, 122, 123
Juegos nórdicos 140
Juegos Olímpicos de invierno 7, 13, 141, 152, 154, 155, 184
Juegos Olímpicos de verano 7,

152, 155, 184
Juegos Paralímpicos 7, 184, 185
Juez (-ces) 25, 56, 113, 125-128, 131, 133

K

Karate 120, 124, 125
Kata 124
Keirin 46
Kendo 120, 121
Kiai 125
Kilómetro contra reloj 47

L

Lacoste, René 111
Lanzamientos 26, 27, 34, 35, 105
Le Mans 173, 176, 181
Lenglen, Suzanne 111
Lenormand 170
Lewis, Carl 36
Líder 43
Liebre 30
Lilienthal, Otto 164
Línea de banda 82
Lira 71
Listón 24, 25
Llama olímpica 13
Lucha 8, 9, 10, 18, 121, 126, 127

M

Madec, Serge 60
Maderas 163
Malabarismo 24, 25
Manga 64, 76
Maratón 30, 31, 36, 79, 184
Marcha 27, 34, 35
Marcha París-Colmar 35
Mariposa 51, 53, 54
Martillo 34
Mascota 13, 15
McEnroe, John 117
Medallas de oro 36, 54, 55
Media vuelta 136
Medio fondo 30, 36
Medio tiempo 84, 92, 98, 100
Medios 82, 83, 92
Melbourne 55, 115
Merckx, Eddy 45
Mesa de jueces 99
Michaux 40
Michelin 173
Monocascos 59-61
Moore, James 40
Morgan, William 102
Mosquetón 165
Moto-cross 182, 183
Motociclismo 180-183
Motociclismo de montaña, 182
Muerte súbita 102, 113
Multicascos 60-62

N

Nado sincronizado 7, 57
Naismith, James 96
Natación 6, 50-55, 68, 78, 79
Navratilova, Martina 116, 117
Noah, Yannick 117
Nocaut 128, 131

O

Ofensivo, equipo 105
Olimpia 6, 8, 12, 13
Olimpíada 8
Olympique de Marsella 6, 7, 87
Ondulaciones 25
Owens, Jesse 36
Oxer 137

P

Pala 107
Paleta 107
Palo 155, 162, 163
Paracaidismo 170, 171
Parapente 164, 165, 167
Partido 16, 57, 81, 84, 86, 87, 90, 92, 94, 96, 98, 101-103, 105, 106, 108, 111-113, 115, 118, 119, 139, 155
Pasaka 107
Pase 91, 93-94
Patinaje artístico 6, 7, 141, 152
Patinaje de velocidad 7, 141, 154
Pato 138, 139
Patrocinadores 43, 54, 60
Pelea de box 17
Pelota 104-113
Pelota vasca 106, 107
Pelotón 30, 43, 44
Penalización 48, 137, 147, 182
Pentatlón 6
Pérec, Marie José 37
Persecución 46, 47
Pértiga 32, 51
Pesas 28, 38, 39, 55
Peso 38, 40, 48, 72, 107, 121, 122, 125, 127, 129, 131, 132, 158, 159, 165
Peugeot, Armand 172, 173
Peyron, Bruno 60
Piloto 165-170, 174-176, 179, 181-183
Piolet 156
Pirueta 20, 23, 152, 153
Pistola 158
Pistolete 28
Placa electrónica 52, 53
Placaje 91
Plancha 21
Plataforma 56
Pole position 175
Polo 138
Polo acuático 6, 56, 57
Portería 100, 108, 109, 138, 155
Portero 57, 81, 82, 85, 100, 109, 155
Profesional (-es) 13, 16, 26, 27, 41, 68, 86, 90, 94, 97, 104, 111, 129, 176, 179
Prost, Alain 174
Prueba de seis días 46
Pruebas combinadas 34, 135, 136
Pruebas cronometradas 175
Puertas 76
Pugilato 8, 18, 26, 128
Putters 163

R

Radio-brújula Argos 63
Rally 173, 176-179
Rally París-Dakar 7, 179
Rallys de resistencia 178, 179
Raqueta 102, 110-113, 118, 119
Rebote 106, 107

Receptor 104, 105
Récord 27, 28, 32, 34, 36, 37, 39, 45, 46, 54, 60, 167, 174
Regatas 59, 64, 67
Relevos 29, 51, 52
Remate 103, 113
Remo 6, 71, 78
Renault, Louis 173
Resistencia 30, 37, 49, 83, 114, 136, 146, 178, 180-182
Revés 112, 117
Rizo 167
Robichon de la Guérinière 134
Roland-Garros 114, 117
Rough 163
Rugby 6, 27, 81, 90-94, 96
Ruta del Ron 7, 60, 61

S

Sable 78, 121, 132, 133
Salida en falso 28, 53
Salto de altura 27, 32, 184
Salto de caballo 19, 20, 23
Salto de longitud 26, 33, 34, 36
Salto de obstáculos 6, 134-137
Salto en esquís 140, 141, 147-149
Salto mortal 20, 22-25, 69, 171
Salto triple 33
Sanders, John 62
Santos-Dumont 168
Saque 10, 84, 112, 113, 119
Saque de banda 93
Savate 130
Schllenz 100
Servicio 102, 112, 117-119
Set 102, 113
Seto con valla 137
Shinai 121
Short track 154
Silla de ruedas 185

Slocum, Joshua 62
Soule 10
Speedway 183
Spitz, Mark 54
Starley 41
Steeplechase 30, 31
Suéter verde, amarillo, con puntos rojos, 44
Sumo 120, 121
Súper gigante 7, 141, 142
Súper Tazón 94
Super-cross 180, 183
Swing 129, 131, 162, 163
Sydney-Hobart 64

T

Tacleo 95
Tahalí 157
Tarjetas 84, 101, 109
Tazón de Oro 181
Técnica de Fosbury 27
Tee 162, 163
Tenis 6, 110-117, 184
Tenis de mesa 6, 118, 119, 185
Terreno 9, 43, 48, 80, 82, 84, 85, 93, 94, 96, 102, 104, 107, 108, 113, 136, 138, 146, 156, 160, 168, 179
Terront, Charles 172
Tijera 21, 27
Tiro al blanco 158-161
Tiro con arco 8, 158, 160, 161
Tiro de esquina 82, 85
Tiro directo 99
Tiro libre 85, 98, 101
Tiro libre indirecto 85
Tiro penal 85, 101, 109
Topham, David 38
Toque 132, 133
Toque de balón 102
Torneos de tenis 17, 114-116
Touch-down 95
Trampolín 56, 140, 147-149
Trial 48, 180, 182
Triatlón 7, 78, 79
Trimarán 60, 61, 64

Trineo 7, 150, 151
Tumbling 24

U

Ultraligeros de motor 168, 169
Uppercut 129, 131

V

Vallas 31
Vándalos 16
Veinticuatro horas de Le Mans 7, 173, 176
Veleo 58-65
Viga de equilibrio 18, 19, 22
Volea 106, 113, 117
Voleibol 6, 7, 102, 103, 185
Vuelo libre 164-167
Vuelta 22, 29, 34, 40, 46, 136, 149-151, 167
Vuelta a Bélgica 6, 44
Vuelta a Francia 6, 17, 41, 42, 44-45, 64
Vuelta a Francia para damas 44
Vuelta a Italia 6, 42, 44
Vuelta al mundo en velero 59, 62
Vuelta de campana 52, 53

W

Webb, Matthew 50
Weissmuller, Johnny 55
Williams, Esther 57
Wimbledon 6, 108, 115, 117
Windsurf 66, 67, 165
Wingfield, Walter Clopton 110

Y

Yate 58
YMCA 102

Z

Zatopek, Emil 36

ÍNDICE DE ILUSTRADORES

VÉRONIQUE AGEORGES
Páginas 8-9, 36-37, 88-89, 116-117, 164 a 171.

JEAN-ALEXANDRE ARQUES
Páginas 14 a 17, 38-39, 74 a 79, 100 a 105, 150 a 155.

YVES BEAUJARD
Páginas 6-7, 18 a 23, 40 a 49, 90 a 99,
110 a 115, 118-119, 156 a 161.

ANDRÉE BIENFAIT
Viñetas de la portada

PAUL BONTEMPS
Páginas 120 a 127.

LOIC DERRIEN
Páginas 58 a 67.

CHISTIAN HEINRICH
Páginas 68-69, 80 a 87, 132-133, 140 a 149, 184-185.

CHISTIAN JÉGOU
Páginas 172 a 179.

FRANÇOIS PLACE
Páginas 70 a 73, 128 a 131, 134 a 139, 162-163.

FRÉDÉRIQUE SCHWEBEL
Páginas 12-13, 106 a 109.

FRANK STÉPHAN
Páginas 50 a 57, 180 a 183.

AMÉLIE VEAUX
Páginas 24-25.

NATHAELE VOGEL
Páginas 26 a 35.